세브란스병원의 뿌리

재동 제중원, 구리개 제중원, 도동 세브란스병원, 신촌 세브란스병원으로 명칭과
위치는 변경되었지만, 선교병원으로서의 정체성은 지속되었다.

1885   1887

재동 제중원

구리개 제중원

서울대병원의 뿌리

대한의원 시계탑 건물은 조선총독부의원, 경성제국대학 의학부 부속의원을 거쳐
서울대병원에 이르기까지 같은 모습이다.

1908   1910

대한의원

조선총독부의원

1904   1957

도동 세브란스병원   신촌 세브란스병원

1928   1946

경성제국대학 의학부 부속의원   서울대병원

제중원
뿌리논쟁

제중원
뿌리논쟁

여인석 · 신규환 지음

역사공간

올해는 제중원이 창립된 지 130년이 되는 해이다. 잘 알려진 바와 같이 제중원은 1885년 우리나라에 처음 세워진 서양식 병원이다. 그런데 130년 전에 세워진 이 기관이 지금도 현재적 관심의 대상이 되어 때때로 언론에 등장한다. 그 이유는 이른바 '제중원 뿌리논쟁' 때문이다.

제중원 뿌리논쟁은 1980년대 초 한국 근대의학 100주년 기념사업에 즈음하여 그간 누구나 세브란스의 기원이라고 여기던 제중원을, 그것이 한때 조선 정부 소속 기관이었다는 이유를 들어, 서울대 의대가 자신들의 기원이라고 주장함으로써 시작되었다. 이러한 주장은 서울대 의대가 지금의 의료계에서 행사하는 영향력에 만족하지 않고, 일제가 설립한 제국대학을 직접적인 전신으로 하고 있는 까닭에 그동안 취약하게 남아 있던 역사적 정통성까지 함께 획득하려는 의도에서 비롯된 것이라고 할 수 있다.

1978년에 처음 제기된 이래 이 논쟁은 이후 다양한 방식으로, 또 그때그때 여러 쟁점들을 중심으로 전개되었다.

시기에 따라 중요하게 제기된 주장들이 결정적으로 반박되어 폐기된 경우도 있었고, 또 어떤 사안에 대한 당사자들의 입장에 변화가 일어나기도 했다. 특히 사료에 근거한 것이 아니라 '국립병원설'이라는 주장에 근거하여 논쟁을 전개하고 있는 서울대 측의 입장은 시기에 따라서도 상당한 변화가 있고, 또 내부적으로 다른 의견을 보이는 경우도 많다.

이 책은 제중원 뿌리논쟁이 시작된 지 벌써 30년이 지난 지금의 시점에서 그동안 다양한 모습으로 전개되었던 이 논쟁의 경과와 쟁점을 역사적으로 정리하고 검토할 필요성을 느껴 펴내게 되었다. 제중원 설립 130주년을 맞는 올해, 제중원 뿌리논쟁이 다시 재연될 기미를 보이고 있어 그간 이루어진 논쟁의 역사를 정리해 보는 것도 의미 있을 것으로 생각한다.

이 책은 크게 두 부분으로 이루어져 있다. 첫 부분은 처음 제기된 이래 현재까지 진행된 논쟁의 역사를 정리한 내용으로 이루어져 있다. 그간의 경과는 크게 세 부분으로 나누어 기술했다. 제1기는 서울대 의대에 의해 논쟁이 처음 시작된 1978년에서 1998년, 제2기는 그 후 서울대병원이 대한의원 100주년 기념행사를 제중원 기념행사와 연결시켜 강행한 2008년까지, 제3기는 2008년 이후 오늘에 이르는 시기이다.

이 책의 두 번째 부분은 제중원 뿌리논쟁에서 쟁점이 되었으며, 현재도 논쟁 중인 사항들을 정리했다. 이 부분은 몇 가지 쟁점에 대한 연세대 측의 입장을 피력한 것이다. 그 내용은 크게 서울대병원과 제중원을 연결시키기 위해 만들어낸 국립병원설의 허구와 그 논리적·사실적 모순을 지적하는 부분, 그리고 제중원과 세브란스의 연속성을 부정하기 위해 서울대병원에서 제기하는 논점을 사료에 근거해서 논박하는 내용으로 이루어져 있다.

인간은 정치적 동물이다. 따라서 인간이 살아온 모습을 기록하는 역사 기술 또한 기본적으로 지극히 정치적인 행위이다. 그런 의미에서 우리는 이 책이 가지는 정치적 의도를 부인하지 않는다. 이 책은 서울대 측이 제중원 뿌리논쟁을 시작하게 된 정치적 의도를 밝히고, 이를 위해 동원한 주장의 논리들을 논파할 목적으로 저술했다. 특히 제삼자의 입장에서도 이 논쟁의 쟁점에 대한 독자적 판단이 가능하도록 핵심적인 사료들을 함께 제시했다. 시간과 지면의 제약상 관련 사료들을 충분히 싣지는 못했으나, 추후에 발간될 자료집에서 이 사료들을 수록할 예정이니 관심 있는 독자들에게 참고가 되리라 생각한다.

이 책에 실린 내용의 상당 부분은 연세대 의대 의사학과에서 발간하고 있는 학술지 『연세의사학』에 이미 실렸던

것들이다.[1] 잡지라는 성격상 발간 이후 실린 글들에 대한 접근이 쉽지 않은 문제도 있고, 또 글이 발표된 이후 최근까지 새롭게 진행된 사실도 있어 이들을 모두 담아 한 권의 책으로 펴내게 되었다. 이 책이 제중원 뿌리논쟁의 전모를 이해하는 것뿐만 아니라, 한국 근대의학사의 중요한 쟁점들을 이해하는 데에도 도움이 되기를 바라는 마음이 크다.

의사학과 연구실에서
여인석 · 신규환 씀

'제중원 뿌리논쟁'이란
무엇인가

1884년 12월 4일 오후 7시, 우정국 청사에서 개최된 우정국 개국 축하연회에서는 때아닌 비명소리가 들렸다. 김옥균, 박영효, 서광범, 홍영식, 서재필 등 급진개화파(이른바 개화당)가 청에 기대어 온건개혁을 추진하던 한규직, 윤태준, 이조연, 조영하 등과 민영익을 비롯한 민영목, 민태호 등 민씨 일파를 제거하기 위한 피의 살육을 시작했던 것이다. 바로 갑신정변의 발발이었다.

자객의 습격을 받은 민영익은 심각한 자상을 입고 죽을 운명이었으나 미 공사관 소속 알렌의 외과치료를 받고 기적적으로 살아났다. 이를 계기로 고종과 조선 정부는 서양 의학과 미국인 의사 알렌에 대한 깊은 신뢰를 갖게 되었다. 왕실의 신뢰를 얻은 알렌은 의료선교사로서 합법적인 활동을 보장받고 싶었고, 조선 정부에 「병원건설안」을 정식으로 제안했다. 1882년 혜민서 혁파 등으로 새로운 대민 의료기관이 필요했던 조선 정부도 알렌의 제안에 적극적으로 호응했다. 이렇게 해서 알렌의 제안과 조선 정부의 지원을 통해 1885년 4월 10일 재동에 우리나라 최초의 서양식 근대병원이 건립되었다. 처음엔 병원의 이름이 없었다. 4월 12일, '은혜를 널리 베푸는 집'이라는 뜻으로 광혜원廣惠院이라 했으며, 2주 뒤인 4월 27일부터는 '사람을 구하는 집'이라는 뜻으로 제중원濟衆院이라 하였다.[1]

1877년 2월, 부산에 이미 서양식 근대병원인 제생의원濟生醫院이 존재했지만, 제생의원은 조계지의 일본인 거류민을 위한 일본인 관립병원이었다. 이에 비해 제중원은 조선 백성들을 위해 만든 병원이었기 때문에 우리나라 최초의 서양식 근대병원이라는 칭호를 갖게 된 것이다.

제중원은 의료선교사들의 진료활동과 조선인 주사들의 지원활동이 결합된 일종의 합자병원 형태로 시작되었으나, 제4대 제중원 원장으로 재임하던 에비슨이 1894년 제중원 운영권의 이양을 요구했고, 이에 조선 정부는 그 운영권을 미국 북장로교 선교부로 이관했다. 이에 따라 제중원은 선교병원으로 그 성격이 완전히 전환되었고, 1904년에는 남대문 밖 도동에 최신식 근대병원인 세브란스병원을 설립하여 이전하게 된다.

이처럼 우리나라 최초의 서양식 근대병원인 제중원은 알렌 등 의료선교사들과 조선 정부의 지원이 결합된 합자병원에서 독자적인 선교병원으로 전환했고, 세브란스의 기부금으로 세브란스병원으로 성장·발전했다.

제중원이 갑신정변을 통해 탄생한 것처럼, 제중원의 탄생과 성장과정에는 한국근대사의 정치, 경제, 외교, 사회, 문화, 종교, 과학, 의학 등 다양한 내용이 포함되어 있다. 특히 제중원이라는 병원 공간이 의미하는 바는 더욱 크다. 서양의학 지식이 일부 지식인들에 의해 간헐적으로 도입되던 방식에서 벗어나 제중원이라는 공간에서 서양의학이 전면적으로 시술되고 교육될 수 있었기 때문이다.

이 때문에 제중원과 이를 계승한 세브란스병원은 한국의 서양의학을 대표하는 상징적인 단어가 되었고, 지난 100여 년간 이러한 상징성을 탈취하려는 세력은 없었다. 그러나 제중원 100주년이 되자, 제중원을 계승한 세브란스병원이 근대의학 100주년에 대한 상징성까지 차지하게 될 것이라는 두려움과 질투가 제중원 뿌리논쟁을 일으킨 직접적 계기가 되었다.

더욱이 제중원 뿌리논쟁은 제중원을 자신들의 기원으로 내세움으로써 서울대 의대가 부담스러워하던 경성제국대학의 역사를 건너뛰게 만드는 효과도 거둘 수 있었다. 실제로 서울대 의대와 서울대병원은 자신들 기관의 역사에 대해 말할 때 직접적인 전신이라 할 수 있는 경성제국대학이나 조선총독부의원과의 연속성 여부에 대해서는 분명한 입장을 밝히지 않는다.

일반적으로 언론에서는 제중원 뿌리논쟁을 제중원이라는 제3의 대상을 두고 연세대와 서울대가 서로 자신의 기원으로 주장하는 것이라고 기술하는 경우가 많으나 이는 오해다. 이러한 불필요한 논쟁을 처음 불러일으킨 당사자는 서울대 의대이며 세브란스는 불가피하게 이 논쟁에 끌려들어간 것이다.

서울대 의대는 1946년 설립 이후 약 30년 동안 자신들 학교의 역사와 관련해 제중원을 언급한 적이 한 번도 없다. 이와 관련해 한 가지 흥미로운 기록이 1954년 5월 15일자 『세브란쓰』지이다. 여기에는 세브란스 의대 70주년을 축하하는 각계의 축하광고가 실렸는데, 서울대 의대도 세브란스의대 70주년을 축하하는 광고를 실었다. 이는 당시의 서울대 의대가 제중원을 세브란스의 기원이라고 인정하고 있었다는 분명한 증거이다.

그러던 서울대 의대와 서울대병원은 1970년대 말에 들어서 갑자기 제중원을 자신들의 '뿌리'라고 주장하기 시작한다. 1946년 서울대학교 개교 이래 자기 조상이 누군지도

세브란스의대 개원 70주년을 축하하는 각계의 축하 메시지
서울대학교 의과대학도 제중원을 기원으로 하는 세브란스의대 70주년 축하 광고
의 한 면을 차지했다. 『세브란쓰』(1954. 5. 15.)

모르고 지내다가 30년이 지난 어느 날 제중원이 자신들의 '뿌리'라는 깨달음이 홀연 찾아온 것일까?

이 제중원 뿌리논쟁에 대해서는 여러 가지 관점이 가능하다. 먼저 부정적인 입장에서 본다면 이 논쟁은 무익하고 소모적인 양 교의 자존심 싸움으로 보일 수 있다. 이 논쟁의 당사자가 아닌 제삼자는 대개 이러한 관점에서 이 논쟁을 바라볼 것이다. 실제로 이 논쟁과 관련된 사안들이 일어날 때 언론에서 보도되는 방식은 이러한 태도를 보이고 있으며, 일종의 흥미성 기사로 다루어지는 경우도 있다.

그러나 이 논쟁에 긍정적인 측면이 없는 것은 아니다. 이 논쟁이 제기된 배경이 어떠하든 이 논쟁을 통해 한국 근대의학 도입기의 역사에 대한 관심이 높아졌고, 근대의학의 도입과정에서 일어났던 각 사건에 대해 다양한 의미를 부여하려는 노력이 이루어졌다. 또한 이 논쟁을 통해 한국 근대의학사의 중요 논점들이 더욱 분명하게 부각되었다고 할 수 있다.

좀 더 구체적으로 말한다면, 이 논쟁은 최근 우리 학계와 사회에서 중심적인 문제의 하나로 떠오르고 있는 근대성, 특히 식민지 근대성의 문제와 깊은 관련을 맺고 있다. 즉 의료 분야에서 근대화의 주체가 누구인가 하는 문제, 한국에서 이루어진 선교 의료의 역할과 의미를 어떻게 평가할 것인가 하는 문제, 일제의 식민의료에 대한 평가의 문제, 나아가서는 의료 분야에 있어 식민지적 근대성과 선교 의료를 통한 의학적 근대성의 관계를 어떻게 설정할 것인가 하는 간단하지 않은 문제들이 모두 이 논쟁과 깊이 관련되어 있는 것이다.

제중원 뿌리논쟁의 경과

제1기 뿌리논쟁 1978~1998

서울대 의대의 '뿌리' 제기

제1기는 1978년 서울대 의대가 『서울대학교 의과대학사 (1885~1978)』에서 제중원이 자신들의 뿌리라는 억지 주장을 하면서 시작되었다.

본 대학부속병원의 시초는 이보다 14년 앞선 1885년 3월에 재동에 설립된 왕립병원인 광혜원이라 하겠다. 재정난으로 한때 관제가 폐지되어 사립의료기관으로 하여금 운영케 하였으나 국립인 지금의 서울대학교 의과대학 부속병원은 광혜원에 비롯된다.

이는 제중원이 세브란스병원으로 이어졌다는 사학계의

오랜 정설에 대해 반론을 제기한 것이었다. 사실 세브란스 병원이 제중원을 계승했다는 것은 연세대 의대만의 입장이라기보다는 그동안 학계와 사회에서 보편적으로 받아들여지고 있는 사실이었다.[1]

특히 한국의학사의 권위자인 김두종 선생은 "세브란스 병원은… 우리나라의 서양의학의 발상지로서 서양문화를 직접으로 가져오게 한 영예의 전통을 자랑할 수 있는 곳이다. 우리나라에 전해 온 근세의학의 역사 중에 가장 광채 있는 페이지를 장식한 것도 세브란스병원이거니와, 우리 의학의 발전적 과정에 있어서 민족적 고난과 호흡을 같이하게 된 것도 세브란스병원이다."[2] 라고 써서 세브란스병원이 우리나라 서양의학의 발상지임을 분명히 밝혔다.

세브란스병원이 우리나라 서양의학의 발상지인 제중원을 계승하고 있다는 사실은 1902년 11월 27일 남대문 밖 복숭아골에서 세브란스병원의 정초식을 위해 보낸 초청장 내용으로도 확인이 된다. 거기에는 "본 월 이십칠 일 오후 세 시에 남대문 밖 새로 짓는 제중원(세브란스기념병원) 기초의 모퉁이돌을 놓겠사오니 오셔서 참예하심을 바라옵니다.… 제중원 백"[3] 이라고 되어 있어 "세브란스병원이 제중원을 이어받은 후신임을 확인할 수 있다."[4]

또한 1904년 세브란스병원이 세워지고 난 후에도 당시

본월이십칠일 〔음력십월이십팔일〕 오후

세시에남문밧게새로짓는졔즁원 〔쎄버란

씨긔렴병원〕 긔초의모퉁이돌을놋겟소

니오셔셔참예ᄒ심을ᄇ라옵ᄂ이다

이돌을대미국공ᄉ안련씨가놋켓소옵

구쥬강셩 一千九百二년十一月

대한광무六년임인十一月

졔즁원빅

새로 짓는 제중원(세브란스기념병원) 정초식 초청장(1902. 11.)

신문에서는 세브란스병원을 여전히 제중원이라고 부르고 있다.[5] 이것은 세브란스병원이 막 세워진 1900년대에만 국한되는 현상이 아니고, 1920년대의 신문에서도 마찬가지로 세브란스병원과 제중원을 동일시하여 쓴 것을 볼 수 있다. 『동아일보』에서는 세브란스병원을 '남대문 밖 제중원'이라고 표현하고 있는데,[6] 이는 당시 우리나라 사람들이 처음 재동에 있던 제중원이 구리개로 옮겨 가고, 그것이 다시 남대문 밖으로 이전했다고 생각하고 있었음을 말해 준다.

이런 사실에 서울대 의대가 이의를 제기한 것은 1970년대 중반 의학교 설립 100주년을 기념하는 의과대학사를 준비하면서부터였다. 『서울대학교 의과대학사』가 완성되어 있을 때는 그 역사가 14년 더 소급되었고, 표지 제목에도 1885~1878이라는 연도가 포함되었다. 그뿐만 아니라 『서울대학교 의과대학사』의 간행위원장이었던 백만기 교수는 간행사에서 "우리나라 최초의 서양의학 교육기관은 1899년 3월에 설립된 관립의학교이며, 이 대학부속병원의 시초는 이보다 14년 앞선 1885년 4월에 설립한 왕립병원인 광혜원이다."라고 하여 논쟁의 불씨를 당겼던 것이다.

서울대 의대는 이러한 주장이 불러일으킬 파장을 고려하여 이 책이 1978년 11월에 완성되었음에도 불구하고 3년 동안 외부로 유출시키지 않다가 1981년 10월에 이 책의 존재가 다른 경로를 통해 알려지자 외부 배포를 시작했다.

또 서울대 의대는 1981년 9월에 코엑스COEX에서 전시된 대한의사협회 주최 '한국 현대의학 100년사 사진전'에서 초창기 자료들을 연세대 의대로부터 넘겨받은 후 전시회에서 광혜원 사진에 서울대병원의 전신이라는 설명을 붙였다. 이에 대해 연세대 의대가 항의하자 이는 '의협 직원들의 사소한 실수'라고 얼버무렸다. 그러나 같은 시기 서울대병원 외래에서 환자들에게 보여주는 병원 소개 비디오테이프에서도 서울대병원이 1885년에 시작되었다는 주장을 담았다. 또한, 1981년 11월에는 당시 서울대병원장인 홍창의 교수가 MBC 방송국의 9시 뉴스에서 광혜원으로 시작된 서울대병원이 100주년을 맞는 1985년에 100주년 기념사업으로 국내 최초의 소아병원을 설립할 예정이라고 말함으로써 사진전에서의 실수가 '고의적인 실수'였음이 드러났다.

이러한 일련의 사건들은 즉각 연세대 의대의 심한 반발을 불러일으켰고 이로 인해 이른바 '뿌리논쟁'이 표면화되기 시작했다. 뿌리논쟁을 다룬 기사들은 1981년 12월에 들어서면서 보건·의학 관련 신문에 실리기 시작했다. 먼저 12월 17일자 『보건신보』에는 "우리나라 현대의학의 요람으로 지칭되는 광혜원이 서울대학교 병원의 모체인 것처럼 표절되는 사례가 빈발하자 연세의료원 측이 이를 반박할 기세여서 국립의료기관과 명문 사립의료기관 간에 현대의학의 뿌리를 찾는 싸움이 크게 벌어질 조짐이다."라는 해설 아래 『서울대학교 의과대학사』와 사진전 등 뿌리논쟁을 유발한 사건에 대한 기사를 실었다.[7] 그리고 며칠 뒤인 12월 21일에는 거의 대부분의 보건·의학 관련 신문에 뿌리논쟁에 관한 기사가 실렸다.

당시 의학전문지 기자들은 김두종 선생의 자택에서 뿌리논쟁과 관련하여 공동기자회견을 가졌는데 신문에 따라 김두종 선생이 말한 내용이 다르게 실려있는 점이 흥미롭다.

먼저 『보건신보』에서는 '광혜원 – 세브란스병원의 전신'이라는 표제 하에 김두종 선생의 말을 인용하여 광혜원이 세브란스병원의 전신이라는 것은 시비가 있을 수 없는 역사적 사실이라고 썼는데, 그 기사를 옮기면 다음과 같다.

서울의대 명예교수이며 의사학자인 김두종 박사는 17일 "광혜원에 대한 시비는 있을 수 없는 일"이라고 단정하고 "역사적인 고찰로 볼 때 광혜원은 분명 연세의대 부속병원인 세브란스의 전신임"을 밝혔다. 김두종 교수는 기자와 만난 자리에서 "광혜원과 광제원을 잘못 알고 광혜원이 서울대학교병원의 전신인양 거론하는 인사가 있으나 광혜원은 현재의

창덕여고 뒷편에 왕립병원으로 설립되어 북미의사인 알렌 박사가 주치의로 운영한 것으로…지금의 외환은행 본점 자리에 옮겨 운영되다가 재정난으로 북미장로교회로 인계되어 세브란스병원으로 이어져 내려오게 됐다."고 말했다.[8]

그런데 같은 날에 발행된 『의협신보』에서는 양 교의 주장을 제시한 뒤, "각종 의학사료에 근거해 볼 때 양 교의 역사는 자료들에서 입증이 될 것이며 단순히 일부에서 잡음이 오가는 것 같고 광혜원은 서양식인 미국의학이고 광제원은 일본을 거쳐 도입된 독일식 의학교육인 점에서 서울의대와 연세의대의 역사는 밝혀질 것이다."[9]라는 김두종 선생의 말을 인용하여 싣고 있는데, 세브란스 쪽을 분명하게 옹호한 『보건신보』의 기사 내용과는 달리 여기서는 유보적인 입장을 표명한 것으로 보도되고 있다.

같은 날짜에 발행된 『후생신보』[10]와 『의사신문』[11]에서도 마찬가지로 이 문제에 대한 김두종 선생의 입장이 분명히 드러나지 않는다. 김두종 선생의 입장이 같은 날에 발간된 서로 다른 신문에서 이처럼 다르게 나타나게 된 경위는 분명히 알 수 없다. 언론의 속성상 편집에 의해 본인의 원래 의도와는 전혀 다르게 기사가 작성되는 경우도 적지 않지만 여기서는 그보다는 김두종 선생이 처한 '곤란한 입장'을 고

려할 필요가 있을 듯하다.

잘 알려진 바대로 김두종 선생은 우리나라 의사학계의 태두로 서울대 의대 의사학교실의 교수로 있었고, 은퇴 후에는 서울대 의대 명예교수로 있었다. 따라서 서울대 의대와의 관계 때문에 김두종 선생이 학문적인 판단만으로 자신의 입장을 분명하게 주장하기에는 여러 가지 어려운 점이 많았을 것이다.

기자들의 질문에 대해서는 여러 가지 현실적인 관계를 고려해 유보적인 대답을 할 수밖에 없었지만 뿌리논쟁에 대한 김두종 선생의 학문적 입장은 분명하다고 볼 수 있다. 그것은 그가 저술한 『한국의학사』에는 "우리나라의 서양의학은 왕립병원인 광혜원으로부터 시작되어 제중원의 시대를 거쳐 세브란스병원을 설립하기에 이르렀다."고 되어 있기 때문이다.[12]

김두종 선생이 겪었던 이러한 곤란함은 세브란스 출신으로 김두종 선생에게 학위를 받고 김두종 선생의 뒤를 이어 서울대 의대 의사학교실을 맡았던 이영택 선생(1944년 세브란스의학전문학교 졸업)의 경우 더욱 심했던 것으로 생각한다. 이영택 선생 역시 뿌리논쟁에서 그의 입장을 분명하게 밝히지 않았기 때문에 그가 근무하던 서울대 의대와 모교인 연세대 의대로부터 모두 비난을 받는 어려움을 겪었다.

이처럼 의학전문 신문들에서 기사화되기 시작한 뿌리논쟁은 이어서 중앙일간지에서도 보도되기 시작했다. 의학전문 신문에서 기사가 나고 3일이 지난 12월 24일, 『중앙일보』에 뿌리논쟁에 관한 기사가 실렸다. 여기서는 양 교의 입장을 소개한 후, 광혜원이 세브란스병원으로 이어졌다는 김두종 선생의 『한국의학사』 내용을 인용하며 연세대 의대의 입장에 무게를 실어주었다.[13]

여기까지가 제1기 뿌리논쟁의 발단이라고 할 수 있는데, 이 단계의 논쟁은 구체적인 사료에 입각한 것이 아니라 원론적인 입장의 대립으로 특징지어진다. 서울대 의대는 제중원이 왕립이었기 때문에 그것은 곧 국립이고, 따라서 지금의 서울대 의대의 뿌리가 된다는 단순한 논리를 내세웠다. 이에 대해 연세대 의대는 기존에 인정되던 사회의 일반적인 인식과 『연세대학교 80년사』, 김두종 선생의 『한국의학사』 등에 실린 내용을 반박의 근거로 제시했다. 서울대 의대가 정확한 근거 사료 없이 제기한 주장에 대해 연세대 의대도 1차 사료가 아니라 『연세대학교 80년사』나 『한국의학사』와 같은 2차 문헌을 근거로 반박했다. 『한국의학사』가 한국의학사에 관해 가장 권위 있는 저서이기는 하지만 역시 2차 문헌이기 때문에 그것을 직접적인 반증자료라고 보기는 어렵다.

이와 같이 이 단계에서는 어느 쪽도 자신의 주장을 입증하는 구체적인 자료를 제시하지는 못했다. 그런데 이렇게 시작된 뿌리논쟁은 1982년 서울대 사회학과의 신용하 교수가 개입하면서 새로운 국면을 맞게 된다.

신용하 교수의 제중원 위탁경영설과 환수설

1982년에 접어들면서 서울대 의대는 국사편찬위원회에 광혜원이 서울대병원의 전신이 될 수 있는가에 대한 유권해석을 의뢰했고, 국사편찬위원회로부터 다음과 같은 회신을 받아냈다.

「서울대병원의 질의에 대한 회신」[14]

1885년에 설립된 광혜원은 선교사 알렌을 의사로 임용하여 1894년까지 직영하다가 경영상의 곤란으로 선교사 에비슨에게 위탁경영한 바 1905년에 환수하였습니다.

한편 제중원과는 별도로 1899년 내부병원(광제원)이 설립되어 대한의원을 거쳐 귀 병원으로 계승되었습니다.

이와 같이 광혜원(제중원)이 내부병원(광제원)으로 직접 승계되지는 않았으나 성격상 귀 병원이 근대적 국립의료기관의 전통을 계승하고 있다고 사료됩니다.

– 1982년 5월 20일 국사편찬위원회 위원장

나중에 문제가 되는 이른바 '제중원 위탁경영설'과 '환수설'이 여기서 처음으로 나타난다. 신용하 교수는 그가 규장각 관리실장으로 있을 때 『서울대학교 의과대학사』의 편찬을 맡았던 백만기 교수의 요청에 따라 광혜원 관련 자료를 찾던 중 「제중원 반환에 관한 약정서」[16]를 찾아내어 이를 언론에 공개하면서 뿌리논쟁과 직접적인 관계를 맺기 시작했고,[15] 그 후 계속해서 서울대 의대의 입장을 지지하는 사료를 발굴하고 그들 시각을 대변해 주는 역할을 담당했다.

신용하 교수가 찾아낸 「제중원 반환에 관한 약정서」는 1905년 4월 10일 외무대신 이하영과 미국 장로교 선교부 대표 빈튼 사이에 체결한 약정서로, 1894년부터 장로교 선교부로 이관되어 운영되던 구리개 제중원의 건물과 터를 조선 정부에 반환하니, 조선 정부는 반환 조건으로 그동안 구리개 제중원 건물의 수리와 증개축에 소요된 경비와 이사비용, 그리고 제중원에 살던 선교사가 다른 곳에 주택을 건립할 때까지 1년간의 집세를 지불한다는 내용이었다.

신용하 교수는 이 문서를 근거로 제중원은 결코 민영화된 적이 없었고 다만 1894년 이후 재정 문제로 선교부에 위탁하여 관리하다가 1905년 조선 정부에서 이를 다시 환수했다는 논리를 폈다. 이렇게 환수된 제중원의 시설들은 광제원 확장에 사용되어 결국 제중원은 광제원으로 이어지고, 광제원은 대한의원으로, 대한의원은 조선총독부의원과 경성의학전문학교, 경성제국대학을 거쳐 서울대 의대로 이어졌다는 것이다.

『의협신보』를 비롯한 당시 의학 관련 신문들은 이 약정서의 발견 사실을 크게 보도했으며,[17] 『보건신보』는 "1894년 9월 제중원이 미국 북장로교 선교회로 이관되면서 사립 의료기관으로 재조직되었다는 지금까지의 우리나라 의학사는 바로잡혀야 하게 됐다."[18] 는 견해를 피력하기도 했다.

이로부터 2년이 지난 1984년, 신용하 교수는 의학전문지 기자들과 회견을 갖고 언론을 통해 "제중원이 한때 미 선교사들에 의해 경영된 적이 있으나 이것은 '위탁경영'으로 1905년 대한제국에 환수되었는데 그 기간 정부는 경영 비용, 즉 인건비와 약값은 물론 기타의 비용을 지원했던 사실이 관보에 기록되어 있다."[19]고 주장하고 "광혜원은 서울 대학병원의 전신이지 결코 세브란스병원의 뿌리일 수는 없다."[20]고 자신의 견해를 분명하게 밝혔다.

이러한 주장은 1982년 「제중원 반환에 관한 약정서」가 언론에 공개될 당시에 했던 제중원이 정부에 환수되었다는 주장에서 한걸음 더 나아가 북장로교 선교부의 위탁경영 기간에도 조선 정부의 보조금을 받았을 뿐만 아니라 환수 시 그동안의 소요경비 일체를 조선 정부가 지불했으므로 제중원은 시종일관 정부 기관이었고 결코 사립화된 적이 없다는 주장이었다. 또한 그는 알렌도 정부로부터 월급을 받는 고용된 의사에 불과했다고 주장했다.

이에 대해 연세대 의대에서 항의하자 신용하 교수는 연세대 의대 김일순 교수와의 전화통화에서 자신이 능동적으로 기자를 불러 발표한 것이 아니었고, 신문에는 본인의 의도와는 다르게 기사화되었으며, 그동안의 연구결과를 연세대 100주년 기념행사가 끝난 후 학회에서 발표하겠다고 말했다. 그리고 자신은 제중원이 연세대 의대와 서울대 의대 모두의 뿌리가 된다고 본다고 말했다.

당시 연세대 의대에서는 서울대 의대의 이러한 주장을 반박하는 내부적인 자료를 만들었다.[21] 먼저 광혜원과 서울대병원 모두 나라에서 세운 기관이기 때문에 광혜원은 서울대병원의 뿌리가 될 수 있다는 주장에 대해서는 다음과 같이 반박했다.

설립 주체로만 본다면 서울의대 및 서울대부속병원은 대한민국이 설립한 학교이며, 대한제국이나 일본 총독부가 설립한 학교가 아니다. 따라서 서울의대와 부속병원이 광혜원으로 시작되었다는 것은 전혀 맞지 않는 논리이다. 이는 마치 총독부 건물을 대한민국에서 중앙청 건물로 썼다고 해서 대한민국이 일본 총독부를 계승했다고 주장하는 것과 같은 것이다.[22]

또 알렌이 단순히 정부의 고용 의사였다는 주장에 대해 알렌은 봉급을 전혀 받지 않았다고 주장했다. 알렌이 단순히 정부의 고용인이 아니었음을 말해 주는 또 다른 사실은 제중원의 경영방식에 개정이 필요할 때는 언제나 조선의 외무대신과 미국공사나 장로교 선교부와 공적인 계약을 체결하거나 외교문서 교환을 통해 일이 진행되었다는 점이다. 만약 알렌이 단순히 정부의 고용 의사였다면 알렌 개인과 모든 계약이 이루어졌을 것이며 미국공사나 장로교 선교부를 통할 필요는 없었을 것이라고 반박했다.

제중원의 환수설에 대해서는 조선 정부가 돌려받은 것은 제중원의 건물과 대지였을 뿐이며 의료사업이나 의학교육사업은 아니었다는 점을 강조했다. 그 증거로 환수된 제중원 건물이 의료사업과는 전혀 무관하게 대한제국의 외교고문 스티븐슨의 관사와 일본인들의 대동구락부로 사용된 사실을 들고, 제중원의 의학적 기능은 제중원 건물 환수 이

전부터 새로 지은 세브란스병원에서 계속적으로 수행하고
있었음을 지적했다.

연세대 의대에서는 이러한 사실과 입장을 공식적으로
발표하기에 이르렀다.[23] 이처럼 제중원을 둘러싼 논쟁이 가
열되고 있을 때 '정구충 박사 원고 변조 사건'이 일어났다.

정구충 박사 원고 변조 사건

대한의학협회에서는 의료계의 원로인 정구충 박사에게 청
탁하여 「한국의학 100년」이라는 글을 1984년 10월에 발
간된 『대한의학협회지』 제27권 제10호에 실었다.[24] 그런데
이 글의 내용이 그동안 뿌리논쟁에서 서울대 의대가 주장
한 내용을 그대로 반영하는 것이어서 연세대 의대는 정구
충 박사에게 서한을 보내 문제가 되는 몇 가지 점을 지적했
다. 편지를 받아본 정구충 박사는 연세대 의대가 지적한 표
현이나 내용이 자신이 원래 쓴 글에는 없는 것임을 알고 경
위를 알아본 결과, 당시 『대한의학협회지』의 편집을 맡고
있던 서울대 의대 정신과의 이정균 교수가 정구충 박사의
원고를 자의恣意로 변조한 사실이 드러났다.

모두 다섯 군데에서 임의적인 가필과 삭제가 이루어졌

는데 먼저 광혜원과 제중원을 '왕립병원'으로 기술한 원문을 모두 '국립병원'이라고 고쳐 조선 왕조에서 세운 광혜원(제중원)이 마치 대한민국에서 세운 '국립 서울대병원'과 직접적인 관계가 있는 것처럼 표현했다. 또 "왕립병원인 제중원은 사립으로 미국 선교회에서 인수하였다."는 원래의 문장을 "미국 선교회로 하여금 위탁경영케 하였다."로 바꾸었다. 이는 앞서 살펴본 바대로 신용하 교수를 통해 서울대 의대가 주장하는 위탁경영설을 그대로 받아들인 것이었다. 그리고 원문에도 없는 "제중원은 1905년 정부에서 환수하였다."는 구절을 이 원고에 삽입했으며, "제중원을 인수받은 에비슨은"이라는 구절에서는 "제중원을 인수받은"이라는 부분을 삭제했다. 또 "'세브란스병원'이라고 改名하고"라는 부분에서 '改名'이라는 표현을 지우고 단순히 "'세브란스병원'이라 하였다."라고 바꾸어 제중원과 세브란스의 관계를 애써 부정하려고 노력했다.

이처럼 명망 있는 국립대학의 현직 교수가 남의 글, 그것도 자신이 몸담고 있는 의학계 원로의 글을 필자의 허락도 없이 마음대로 뜯어고친 이 사건은 사회적으로도 큰 물의를 일으켰다. 이 사건은 당시 중앙일간지들에서도 크게 보도되었는데,[25] 특히 『동아일보』는 "의학계에서는 '남의 원고를 사전 허락도 없이 뜯어고쳤다는 것은 대학이라는 최고의 양식에 먹칠을 하는 행위'라고 못마땅한 표정들이다."[26]라는 기사를 실어 이 사건에 대한 당시 의료계의 분위기를 전해 주고 있다.

이 사건은 이정균 교수에게 원고의 교정본을 내준 의협 직원이 희생양으로 사표를 내고, 이정균 교수가 자신의 잘못을 시인하고, 1984년 12월호 『대한의학협회지』에 변조된 원고를 원래대로 복원한 정정 기사를 싣는 것으로 일단락되었다.

이 사건의 당사자인 의협 측의 류준식 사무총장은 이 사건이 서울대 의대와는 무관하게 이정균 교수의 개인적 견해 차이에서 비롯된 잘못이라고 애써 해명했다.[27] 그러나 사실 이 원고는 이정균 교수가 독자적으로 변조한 것이 아니라 당시 의협 주관으로 이루어지고 있던 의학 100년사의 편찬위원이자 『서울대학교 의과대학사』 간행의 책임을 맡았던 백만기 교수의 자문에 따라 변조된 사실이 확인되었다.[28]

이 사건을 무마하기 위해 당시 대한의학협회의 문태준 회장은 1984년 12월 18일에 연세대 의대를 방문하여 이정균 교수가 변조한 원고의 정정 기사를 『대한의학협회지』에 게재하고, 『의협신보』에 대한의학협회장의 이름으로 공식적인 유감의 뜻을 표명하기로 약속했다.

한편, 연세대 의대는 1985년 1월 8일 문태준 회장 앞으로 공문을 보내 "이미 정립된 한국 초창기 현대의학사에 대해 서울의대 및 서울대학병원 측에서 의사학회나 학술적인 연구발표 등을 통하지 않고 비정상적인 방법으로 이의를 제기하고 있다."고 전제한 후, 뿌리논쟁에 관해 공개적인 토론회를 열 것을 제안했다. 김두종 박사, 김중명 박사, 정구충 박사 등 의사학계의 권위자 및 의료계의 원로와 중진 언론인, 의료계 인사 등이 참석하여 이 문제에 대해 공정하고 정확하게 논의해 보자는 것이었는데, 결국 이 제안은 실현되지 못했다.

연세대학교 100주년 기념우표 발행 방해 시도

연세대학교는 1985년 연세대학교 100주년 기념행사의 하나로 기념우표 발행을 추진했고, 발행 신청이 받아들여져서 기념우표가 발행될 예정이었다. 그런데 우표발행 예정인 1985년 4월이 되어도 발행되지 않자 당시 우표 발행을 추진했던 윤병상 교목실장이 체신부에 그 사유를 문의했다. 그에 대해 체신부는 서울대 의대 교수 2명이 연세대학교 100주년 기념우표 발행에 대해 이의신청을 제기하여 우표의 인쇄가 잠정 중단된 상태이므로 광혜원(제중원)이 연세대학교의 기원이라는 연구서나 논문을 근거자료로 제시해주면 좋겠다는 답변을 했다. 이에 윤병상 교목은 의과대학 김일순 교수와 상의하여 서울대 의대 의사학교수를 지낸 김두종 박사의 『한국의학사』와 경북대 김중명 교수의 『의사학개론』에서 제중원을 연세대 의대의 기원으로 적시한 부분을 근거자료로 제출했다. 이 근거자료가 받아들여져 연세대학교 100주년 기념우표는 서울대 의대의 방해공작에도 불구하고 예정대로 발행될 수 있었다.

허정 교수의 공중보건의 구타 사건

1985년 이후에는 뿌리논쟁과 관련하여 양 교의 직접적인 충돌은 없었다. 그러나 1986년에 들어와 한 가지 사건이 발생했다. 1986년 제8기 공중보건의 교육에 강사로 나온 서울대 보건대학원의 허정 교수는 강의 도중 연세대 의대의 초기 역사를 서울대 의대의 입장에서 왜곡하여 설명했다.

이에 연세대 의대 출신의 공중보건의가 일어나 이의를 제기하고 그에 대한 시정을 요구하자 화가 난 허정 교수는 "너희들이 무엇을 아느냐?"며 이의를 제기한 공중보건의를 지휘봉이 부러질 정도로 구타했다. 이에 격분한 연세대 의대 출신의 공중보건의들은 거세게 항의하고 "연세대 의대 창시자에 대한 모독 및 피교육생에게 상스러운 욕설과 폭력, 비어를 사용했다."[29]는 요지의 진정서를 의협에 제출했다.

신용하 교수의 광제원 확장비와 제중원 흡수설

1980년대 후반 이후 약 10년간은 뿌리논쟁과 관련하여 새로운 문제가 제기되지 않았으나 1995년 11월 서울대 의대에서는 '「종두의양성소 규정」 공포 100주년 기념 심포지엄 – 우리나라 근대의학과 서울대학교 의과대학의 뿌리를 찾아서'를 개최하면서 몇 가지 논점을 새롭게 부각시켰다. 이 심포지엄에서 신용하 교수는 '광혜원과 근대의료의 출발'이라는 제목으로, 그리고 대한의사학회의 기창덕 이사는 '국가에서 시작한 근대의학교육 – 종두의양성소와 의학교'라는 제목으로 주제 강연을 했다.

신용하 교수는 광혜원이 서울대 의대의 뿌리라는 이전의 주장을 되풀이했는데, 이번에도 마찬가지로 제중원의 환수에 초점을 맞추었다. 여기에서 한걸음 더 나아가 그는 환수된 제중원이 광제원의 확장에 사용되었다는 사실을 입증하는 새로운 자료를 발굴했다고 주장했다.

그에 따르면 『고종실록』 1906년 5월 30일조에 제중원 찬성금 3,000원과 광제원 확장비 27,805원의 지출을 승인하는 기사가 나오는데, 이것을 합한 금액인 30,805원은 이보다 1년 전인 1905년 4월 10일 선교 본부와 조선 정부가 제중원 건물의 반환에 대한 계약을 체결하며 조선 정부에서 선교 본부에 지불하기로 한 30,289원 90전(제중원의 수리와 건물 신축에 들어간 비용 11,269원 90전과 에바 필드의 집과 대지의 양도에 대한 대가인 19,020원을 합한 금액)과 "딱 맞아 떨어지는 액수"라는 것이다.

이러한 계산을 근거로 신용하 교수는 "광제원이 환수된 제중원의 모든 시설을 인수했을 뿐만 아니라, 에바 필드 의사의 저동에 위치하고 있는 대지와 건물, 증개축된 시설까지도 모두 광제원이 인수하여 광제원 시설을 확장했다고 보아야 하지 않을까? '광제원 확장비'라는 지출 항목이 문제를 푸는 보배 같은 열쇠인 것이다."라고 주장했다.[30] 또 그는 30,805원(1906년 제중원 찬성금＋광제원 확장비)과 30,289원 90전(1905년 제중원 반환보상금) 사이에 생겨나는 약 500여 원의 차액에 대해서는 "인수할 때의 각종 부대 비용까지 계산해 상당히 정확하게 지출한 것"이므로[31] 오히려 정확한 금액이라고 주장했다.

이 주장은 상호 무관한 내용의 사료를 자의적으로 연결

시킨 것에 불과했다. 1997년 9월 30일에 서울대 의대에서 있었던 '병원 연혁에 관한 좌담회'에서도 기창덕 대한의사학회 회장과 황상익 서울대 의사학교실 교수가 이러한 주장의 문제점을 지적했으나 그는 오히려 "완벽하게 사료가 모든 것을 증명해 주는 것은 없다."[32]며 자신의 주장을 굽히지 않았다.

신용하 교수의 사료 왜곡을 통한 억지 주장은 새로운 사료가 발굴되면서 반증되었다. 먼저 제중원 반환에 따른 보상금은 1905년 4월 3일자 『구한국관보』에 "제중원 구매비 30,289원 90전을 예비금에서 지출한다."는 기사를 확인할 수 있다. 여기서 30,289원 90전은 제중원의 수리와 건물 신축에 사용된 11,269원 90전과 에바 필드의 집과 대지를 양도한 대가인 19,020원을 합한 것이다. 이 금액은 1905년 4월 10일 빈튼과 외부대신 이하영 사이에 제중원의 건물 반환에 대한 계약이 체결됨과 동시에 지불되었다. 이 사실은 규장각에 소장된 「토지매매계약서」와 「병원건물대금 접수관계서」 등에서 확인된다.[33] 따라서 제중원 구매비는 신용하 교수의 주장처럼 1년 후에 원래의 지출 내역과 다른 제중원 찬성금과 광제원 확장비라는 명목으로 지출된 것이 아니라는 것이다.

제중원 찬성금이 제중원의 구매와는 무관하게 제중원을

이 사료의 발굴을 통해 신용하 교수의 제중원 환수 및 광제원 확장설은 허구임이 밝혀졌다.

돕기 위해 마련된 일종의 찬조금이었다는 것은 1906년 5월 31일자 주본奏本 230호에서 확인된다. 이 문서는 제중원 찬성금의 정확한 용도를 알려준다.

신용하 교수는 제중원을 구매하여 광제원 확장에 사용했으므로 제중원 구매비가 곧 광제원 확장비라고 주장했으며, 그와 같은 논리에 입각하여 제중원이 광제원에 통합된 것이라고 주장했다. 이 주장 역시 광제원 확장비에 대한 문건인 「주본존안」의 주본 232호이 발견되면서 그릇된 주장임이 판명되었다.[34] 이 문서에 따르면, 광제원 확장비 27,805원 48전은 경상비 15,519원 64전, 임시비 12,285원 84전으로 이루어진다. 경상비의 대부분은 인건비이며, 그밖에는 약품 구입비와 소모품 등이고, 실제 건물 수리비는 400원에 불과했다. 임시비 역시 치료 기구 구입비와 비품비가 대부분이었다. 이처럼 광제원 확장비는 건물 확장을 위한 비용이 아니라 인건비 등 부족한 광제원 운영비를 추가로 배정받기 위한 비용이었다.

서울대 의대의 입장 변화

뿌리논쟁은 1970년대 말부터 지금까지 상당 기간에 걸쳐 진행되어 왔다. 그러나 연세대 의대에 비해 서울대 의대는 뿌리문제에 대해 일관성 있는 태도를 견지해오지 못했고 내부적으로도 분명하게 정리된 입장을 갖고 있지 못한 것으로 보인다. 그것은 사립인 연세대 의대가 제중원 설립 이래 동질적인 역사를 이어온 데 비해 국립인 서울대 의대의 경우 그 전신으로 삼고 있는 여러 기관들이 시대에 따라 서로 다른 통치 주체에 의해 설립되고 운영되었을 뿐만 아니라 수시로 통폐합되는 등 이들을 연속적인 하나의 기관으로 인정하기에는 어려운 점이 많기 때문이다. 특히 왕조인 조선 정부와 일제 총독부 사이의 단절, 그리고 일제 총독부와 공화국인 대한민국 사이의 근본적인 단절을 무시하고 연속성을 주장하기에는 적지 않은 무리가 뒤따른다.

이러한 문제점들로 인해 뿌리논쟁에 관여하는 서울대 의대 인사들은 일치된 주장을 하기 힘들었고, 심지어는 동일인임에도 경우에 따라 다른 견해를 보이기도 한다. 예컨대, 뿌리논쟁의 도화선이 된 『서울대학교 의과대학사』의 편집을 맡았던 백만기 교수는 간행사에서 광혜원이 서울대 의대의 시초가 된다고 분명히 썼으나 이로부터 약 20년이 흐른 다음에는 그렇게 쓴 것이 자신의 의도는 아니었다고 말하고 있다.

제가 『서울대학교 의과대학사』를 만들면서 간행사를 쓸 때 처음에는 광혜원은 두 병원 모두의 것이 아니거나 달리 보면 두 병원 모두의 것이라고도 할 수 있다는 생각에서, 국립 서울대학교병원과 사학인 세브란스병원의 뿌리로 한국의 관학과 사학의 양대 산맥에 뿌리를 내리고 있는 것이 광혜원이라고 썼습니다. 그런데 간행사를 보신 어떤 국사학자께서 광혜원은 우리 병원 것이라는 주장을 강하게 하시는 바람에 지금과 같은 주장을 이어오게 된 것입니다.

광혜원을 반드시 우리 대학 병원의 뿌리로 삼아야겠다는 주장을 할 때는 신중해야 할 것이란 점을 다시 한번 말씀드립니다.[35]

뿌리논쟁의 초기부터 서울대 의대의 입장을 대변해왔고 서울대 의대 주장의 이론적·사료적 근거를 제공해 왔던 신용하 교수에게서도 이러한 태도 변화를 볼 수 있다. 처음에 그는 분명히 광혜원(제중원)은 결코 민영화된 적이 없었으므로 "광혜원은 서울대학병원의 전신이지 결코 세브란스병원의 뿌리일 수는 없다."[36] 고 단언했으나 그 후에는 "서울대학교 의과대학 병원과 연세대학교 의과대학 병원이 형제처럼 광혜원에서 뿌리를 찾을 수 있다고 생각한다."는 견해를 피력하고 서울대 의대의 기원을 어디로 잡을 것인가는

후손들의 선택에 달린 문제라고 하여 원래의 주장에서 한 걸음 후퇴한 발언을 하고 있다.[37]

서울대 의대의 공식적인 입장을 말해 주고 있다고 볼 수 있는 『서울대학교 의과대학사』에서는, 비록 책의 제목에 '1885~1978'이라는 연도가 명기되어 있고 앞서 본 바대로 백만기 교수의 간행사에서 제중원을 그 기원으로 잡고 있기는 하지만, 정작 책의 내용에서는 이러한 부분이 강조되지는 않고 있다. 물론 초기 부분에 제중원이 서술되어 있으나 그 내용이 반드시 서울대 의대의 전신이라는 의미로 서술되었다기보다는 초기 서양의학의 도입 시기 역사의 일부로 서술된 인상이 짙다. 더구나 제중원은 "여러 가지 복합된 원인으로 인해서 1894년, 설립된 지 겨우 9년 만에 왕립병원은 아깝게도 문을 닫지 않으면 안되게 되었다. 그 뒤 제중원의 설비와 기구는 미국 북장로교 선교부로 옮겨가고, 사설의료기관으로 재조직되었다."[38]고 쓰고 있어 신용하 교수가 주장하는 제중원의 위탁경영설이나 환수설과는 다른 입장을 보이고 있다.

한편, 1993년에 발간된 『서울대학교 병원사』에서는 신용하 교수가 주장한 제중원 위탁경영설과 환수설을 그대로 싣고 있다. 또 『서울대학교 의과대학사』에서는 제중원을 '왕립병원'이라고 쓰고 있으나 『서울대학교 병원사』에서는 이를 모두 '국립병원'이라는 표현으로 바꾸어 서술하고 있다. 그러나 신용하 교수가 주장하는 것처럼 제중원의 시설이 광제원으로 통합되었으므로 제중원이 광제원과 이어진다는 식의 주장은 하지 않는다. 다만 제중원은 "1905년 4월 10일 정부에 환수됨으로써 그 막을 내리게 된다."[40]고 써서 정부기관으로서의 제중원이 없어졌다는 사실만을 기록하고 제중원의 의료활동이 세브란스병원으로 이어졌다는 사실은 전혀 언급하지 않고 있다.

이 두 책에서 제중원에 관한 서술을 비교해 보면 『서울대학교 병원사』가 『서울대학교 의과대학사』에 비해 신용하 교수의 주장을 더욱 수용하고 있으나 두 책 모두 본문 내용 중에는 광혜원이 서울대병원의 전신이라는 직접적인 주장은 하지 않고 있으며, 『서울대학교 병원사』의 뒤에 실려 있는 병원 연표에는 1899년 의학교의 설립을 서울대병원의 기점으로 잡고 있다. 다만 『서울대학교 병원사』에서는 정부기관으로서의 제중원이 없어졌다는 사실을 강조함으로써 제중원이 서울대병원뿐 아니라 세브란스병원과도 직접적인 관계가 없다고 간접적으로 주장하고 싶어했던 듯하다.

한편, 주근원 전 서울대 의대 교수는 자서전에서 제중원이 서울대 의대의 뿌리라고 주장하면서 자신의 글이 "지난 50년간의 문헌 수집과 여러 사학자들의 논증을 토대로 기술한 것으로 신빙성 있는 사실이라고 자부한다."[41] 고 말했다. 그러나 그가 근거로 삼고 있는 '여러 사학자'는 신용하 교수 한 사람에 불과했다.

서울대 의대의 기원에 대한 새로운 주장으로는 1995년 서울대 의대에서 '종두의양성소' 규정 공포 100주년 기념 심포지엄을 가지면서 '종두의양성소'를 서울대 의대의 기원으로 보아야 한다는 견해가 제시된 바 있다.[42] 또 1899년에 생긴 의학교를 기점으로 서울대 의대 100년사를 준비하기도 했다. 그리고 대한민국이 설립과 운영의 주체가 되는 국립 서울대학교의 기원은 당연히 1946년이 되어야 한다는 주장도 있다.[43]

이처럼 서울대 의대의 기원에 대한 의견이 내부적으로도 다양하게 나타나는 이유는 그동안 서울대 의대에서 직접적인 연속관계를 인정하기 어려운 기관들을 무리하게 하나로 연결시켰고, 서울대 의대의 직접적인 기원이라고 주장해 온 기관이 사실은 그 사이에 여러 차례의 단절이 개재된 간접적인 조상의 조상쯤에 해당하는 기관이므로 사실적으로나 논리적으로, 특히 민족사의 정통성이란 관점에서 이들 사이의 연속성을 주장하기 쉽지 않기 때문이다.

여기서 한 가지 지적하고 싶은 사항은 주근원 교수를 비롯하여 이 시기 제중원이 서울대 의대의 뿌리라는 주장을 주도한 사람들이 대부분 경성제대 출신이라는 점이다. 사실 경성제대는 한국인들의 자발적인 대학설립 운동을 저지하기 위해 일제가 이전 어떤 기관과의 연속성도 없이 1924년 설립한 기관이다. 제중원은커녕 광제원이나 의학교와도 아무런 관련이 없는 경성제대 출신들이 제중원을 자신들의 뿌리라고 주장하고 나선 것은 자부심의 근원이자 컴플렉스의 근원인 일제의 제국대학 출신이란 과거를 집단적으로 세탁하기 위한 시도에 다름 아니다.

연세대 의대의 입장

제중원이 연세대 의대와 세브란스병원의 기원이 된다는 사실은 지극히 당연한 사실로 받아들여져 왔고 그동안 이에 대해 의문을 제기하는 사람은 없었다. 그리고 1904년 세브란스병원 설립 이후 나온 모든 내부자료에는 제중원과 세브란스병원의 연속성이 명시되어 있었다.[44] 그러나 이 너무도 당연한 사실에 대한 도전은 오히려 연세대 의대를 당황하게 만들어 서울대 의대의 주장에 대해 효과적으로 대응하지 못했던 측면이 있었다.

서울대 의대는 학술적인 형태로 뿌리논쟁을 제기한 것

이 아니라 주로 언론의 힘을 빌어 간헐적으로 이러한 주장을 해왔는데, 연세대 의대 또한 그동안 이에 대해 학문적으로 적절하게 응수하지 못하고 원칙적인 입장만을 고수했기 때문에 뿌리논쟁의 불씨가 완전히 꺼지지 않은 상태로 유지된 것으로 볼 수 있다. 한편으로는 연세대 의대의 공식적인 역사책이라 할 수 있는 『의학백년』(1986)의 초창기 역사 부분이 서울대 의대의 주장을 불식시킬 만큼 풍부하고 엄밀한 사료에 근거해 정확하게 서술되지 못한 점도 뿌리논쟁이 지속된 한 원인이라고 할 수 있다.

그러나 1998년 3월 23일 연세대 의대 의사학과에 의해 1905년에서 1906년 사이의 「주본존안」 내용이 공개되어 그동안 제중원과 관련되어 서울대 의대가 주장했던 소위 조선 정부의 '위탁경영설'과 '제중원 환수설'이 근거를 잃었다.[45] 이로써 1970년대 말부터 시작된 제1기 제중원 뿌리논쟁은 새로운 자료가 발굴되지 않는 한 학문적인 근거가 없는 억지 주장으로 일단락되었다.

제2기 뿌리논쟁 1998~2008

그러는 동안 서울대병원은 또 다른 주장을 내세우기 시작
했다. 1997년 9월 30일, 서울대병원에서 병원 연혁에 관한
좌담회를 개최하고, 한국 근대의학의 도입·발전과정에서
'국가중앙병원'의 역할을 살펴야 서울대병원의 역사적 모습
을 제대로 드러낼 수 있다는 점이 논의되었다.[46] 이 좌담회
에는 정도언의 사회로 백만기, 기창덕, 신용하, 지제근, 황
상익, 성상철 등이 참석했다. 이 좌담회의 핵심적인 내용은
서울대병원은 국가중앙병원이며, 그 위상을 역사 속에서
찾겠다는 것이었다. 즉 국가중앙병원이라는 맥락에서 제중
원과 서울대병원의 연속성을 재조명하겠다는 의도였다.

2005년 4월 1일, 서울대병원은 '서울대병원 역사 심포
지엄'을 개최했다. 그 자리에서 김희중 의학박물관장은 "서
울대병원이 120년 전통을 찾는 뜻깊은 자리가 됐다."고 말

하며 '120년'을 언급했다.[47] 당시 이 발언이 크게 주목 받지는 않았지만, 이는 서울대병원이 지속적으로 제중원과 연결고리를 만들고자 시도했음을 보여준다. 그러나 여전히 제중원과 서울대병원과의 관계를 입증할 새로운 자료는 전혀 발굴되지 않았다.

2005년 7월, 서울대병원은 병원사연구실을 개설하면서 2007년에 대한의원 100주년 기념행사를 갖기로 했다고 발표했다. 2005년은 연세대학교가 창립 120주년 행사를 대대적으로 개최하던 때였고, 또한 세브란스 새 병원이 준공되던 해였다. 서울대병원은 2006년 1월, '대한의원 설립 100주년 기념사업' 슬로건을 공모했다. 그때까지 서울대병원은 '제중원 122년'이라는 언급을 하지 않았다.[48] 그러나 같은 해 3월 15일에 열린 '대한의원 99주년 심포지엄'에서 제중원에 대한 언급이 발견된다.[49] 이 심포지엄은 '대한의원 99주년'을 기념하는 것이었지만, 이듬해인 2007년에 열릴 심포지엄을 위한 '대한의원 100주년, 제중원 122주년 기념사업 추진단'이 설치되었음을 공표하기 위한 자리이기도 했다. 즉, 이 심포지엄은 단순히 대한의원을 기념하기 위한 행사가 아니었다.

'제중원 122년'이라는 말을 행사 명칭에 넣은 것에 대해 기자가 질문하자 서울대병원 관계자는 "광혜원 122년을 맞아 병원의 뿌리를 확실하게 짚고 넘어갈 것이며, 광혜원이 세브란스병원의 뿌리인 것처럼 알려지고 있어 이번 기회에 진실을 규명할 계획"이라고 밝혔다. 비록 그가 "광혜원이 서울대병원의 전신이라고 주장하는 것은 아니다."라고 덧붙이며 신중한 태도를 보이기는 했지만,[50] 서울대병원의 보도자료에는 "광혜원의 맥을 잇는…" 등의 내용이 포함되어 있었다.

연세대학교 의과대학 의사학과와 동은의학박물관은 대책 마련에 나섰다. 그러나 이번 서울대병원의 주장은 1980년대~1990년대의 주장과는 다른 점이 있었다. 당시에는 서울대 사회학과 신용하 교수가 사료를 왜곡하여 제중원(광혜원)이 서울대병원으로 이어졌다고 주장했던 것이 그 핵심이었다. 따라서 정확한 사료 발굴을 통해 그것이 억지 주장이었음을 밝힐 수 있었다. 하지만 이번 주장은 자료 발굴을 통한 검증과 관련이 없는 성격의 것이었다. 서울대병원은 '국가중앙병원'이라는 단어를 내세워 손쉽게 제중원의 연결고리를 찾고자 했다. 이는 학술적인 논의의 대상이 아니었다.

서울대병원은 예산을 대거 투여해 행사를 기획하고 또한 그들의 주장을 지속적으로 언론에 발표하는 전략을 취했다. 자료를 통한 정당한 검증 과정이 아니라 언론을 통해 명분을 축적하려는 방식을 택한 것이다. 그들은 우선 3명의 사학자를 고용하여 병원사연구실을 개설했고, 대한의원 100주년을 기념한다고 발표하는 과정에서 '제중원 122주년'이란 말을 끼워 넣었다. 서울대병원은 이 사업을 위해 14억 원의 거금을 예산으로 책정했다. 그러나 이 사업은 제중원과 연결고리를 찾기 위해서 학문적으로뿐만 아니라 국민 정서상 다분히 비난의 대상이 될 수 있는 대한의원을 매개로 삼겠다는 것이었다.

대한의원 미화하기

그동안 연세의료원은 세브란스병원이 제중원을 이었다는 사실을 중심으로 소극적인 방식으로만 대응을 했다. 하지만 이제 연세의료원은 다른 대응을 모색할 수밖에 없었다. 서울대병원의 역사를 직접적으로 거론할 필요성을 느낀 것이다. 2006년 6월, 여인석 교수는 『교수신문』에 「서울대학병원 1백주년, 기념할 만한 일인가?」란 제목의 글을 기고했다.[51] 그 내용은 통감 이토 히로부미가 만든 병원을 왜 서울대병원이 기념하느냐 하는 것이었고, 국민의 세금으로 진행하고 있는 행사를 당장 중단하라는 것이었다. 이 글에 대한 서울대병원의 즉각적인 반론은 없었다.

이 글은 『신동아』를 통해서 기사화되었는데, 기사 말미에 서울대병원 병원사연구실의 전우용 팀장이 여인석 교수의 글에 반론을 제기했다.[52] 대한의원은 한국 의료계 전체가 반성적으로 공유할 경험적 자산이라며, 기념에 대해 연세대 병원이 크게 오해하고 있는 것이라는 내용이었다. 이 논쟁은 인터넷신문 『프레시안』에 기사화되었고,[53] 전우용 팀장에 대한 재반론이 『프레시안』에 게재되었다.[54]

신문지면상의 논쟁과 함께 서울대병원의 사업에 대한 비판도 쏟아졌다. 2006년 10월 26일 열린 2006년도 국정감사 교육위원회 회의에서 서울대병원이 대한의원 100주년 기념사업에 14억 원을 투입한 것이 지적되었다. 국회의원들은 서울대병원에 이 기념사업을 정당한 역사 조명이 될 수 있는 학술행사로만 제한하고, 음악회나 한마음축제 등의 기념행사는 이사회에서 재논의할 것을 촉구했다.[55] 같은 해 12월에는 대한의원 100주년 행사의 일환으로 우정사업본부에서 우표를 발행하겠다는 발표에 대한 비판 기사가 보도되었다.[56] 12월 28일, 세브란스병원장은 서울대병원장 앞으로 내용증명을 보내 서울대병원의 제중원 명칭 사용과 관련하여 즉각적인 사용 중지를 촉구했다. 그러나 이러한 사회적인 비판에도 아랑곳하지 않고 서울대병원은 대한의원 100주년을 기념하는 작업을 지속했다.

2006년 12월 29일, 『동아일보』에 느닷없이 대한의원 개원 엽서가 공개되었다.[57] 서울대학교 국사학과 이태진 교수는 한 소장자가 대한의원 개원 엽서를 공개했다며 "당시 일제는 대한의원을 마치 일본 통감부가 운영하는 것처럼 선전했다. 황실 인장은 대한의원이 대한제국 황실의 사업이라는 것을 드러내려는 의지가 담겨 있는 것"이라고 말했다. 2007년 신년사에서는 서울대병원장이 "2007년은 대한의원 100주년, 제중원 122년이 되는 우리에게 있어 기념비적인 해"라고 언급했다.[58] 1월 말에는 대한의원 모뉴멘트 프로젝트의 최종 당선작이 발표되었다.[59] 2월 6일, 성상철 서울대병원장은 세브란스병원장 앞으로 내용증명을 보내 세브란스병원과 제중원의 인적 연관성을 부정할 의도가 없으며, 다만 한국 근대병원사에 대한 역사적 재조명을 통해 현대의료기관들이 나아가야 할 바를 고찰하는 순수한 취지를 이해해 달라고 전했다.

'대한의원 100주년, 제중원 122년' 행사가 열리는 2007년 3월 15일이 다가오면서 점차 언론의 취재 열기가 뜨거워지기 시작했다. 그러나 서울대병원은 위와 같은 논점들에 대해 원론적인 주장만을 반복했다. 지루한 줄다리기가 계속되었다.

이런 상황에서 변화의 전기를 마련한 것은 민족문제연구소의 성명서였다. 민족문제연구소는 2007년 2월 8일 "국립 경북대병원과 서울대병원은 100주년 기념사업을 즉각 중단하라."는 제목의 성명서를 발표했다. 민족문제연구소는 서울대병원의 기념사업이 해방과 독립의 역사를 부정하는 행위라고 규정 짓고 그것을 즉각 중단할 것을 촉구했다. 이 성명서는 많은 매체를 통해 보도됨으로써 대한의원 100주년 기념사업에 관한 일반인들의 관심을 모았다.

그러나 대한의원에 대한 주목은 서울대병원이 당초 의도했던 바가 아니었다. 서울대병원은 제중원과의 연결고리를 확보하기를 원했기 때문이다. 연세의료원은 7대 의료전문지에 전면광고를 내고 세브란스병원이 '새로 짓는 제중원'이라는 점을 의사들에게 알렸다.[60] 결국 서울대병원은 신경질적인 반응을 보이기 시작했다. 서울대병원은 기념행사를 다음과 같은 말로 정당화했다. "도둑질을 한 아버지라도 제사는 지내야 한다. 다만 축하 개념의 기념이 아닌 단순한 기억 의미의 기념일 뿐이다."[61] 그러나 이 말은 (조선을) 도둑질한 일본이 자신들의 '아버지'라는 서울대병원의 역사인식을 그대로 드러낸 것이었다.

연세의료원은 삼일절을 맞이하여 동은의학박물관에 소장되어 있는 엽서를 공개했다.[62] 일왕이 임명한 일본인 대한

内務醫院開院記念

대한의원 개원 기념 엽서
사토 스스무가 개원 기념 엽서에 단독으로 등장했다. 대한의원의 주인이 누구인지를
단적으로 보여준다.

의원 창설위원장 사토 스스무佐藤進의 사진이 실려 있는 엽
서였다. 이는 대한의원이 대한제국이 주도해서 설립한 것
이라고 언급한 서울대병원 누리집의 설명과 상충되는 것이
었다. 이에 대해 기자가 질문하자 서울대병원은 결국 "대한
의원을 대한제국이 아닌 통감부가 주도해서 설립했던 것은
사실이라며 누리집 내용은 수정해야 한다."고 인정했다.[63]

　3월 7일, 연세대학교 국학연구원과 의과대학 의사학과
는 제중원 122주년을 기념하기 위해 '한국 근대의학의 탄
생과 국가'를 주제로 심포지엄을 개최했다. 이 자리에서 대

한의원의 성격과 그 의미가 집중 조명되었고, 제중원에서 세브란스로 이어지는 역사적 사실이 재확인되었다.[64] 같은 날 저녁에는 『연세의료원 120주년 기념 화보집』의 출판기념회가 열렸다.[65]

『교수신문』은 2006년 6월에 이어 다시 한 번 이 논쟁에 대한 지상 토론을 기획했다. 그러나 서울대병원이 이를 거절했고, 결국 『교수신문』에는 세브란스병원 쪽의 기고만 실리게 되었다.[66]

한편, 서울대병원에서는 대한의원 100주년 기념사업에 대한 자문 포럼이 구성되었는데, 이 기념사업에 대한 부정적 내용을 담은 보고서를 서울대병원이 묵살했다는 주장이 제기되었다.[67] 이에 포럼 위원장이었던 서울대 의대 황상익 교수가 나서 포럼 활동에 대한 그동안의 경위를 설명했다. 이 자리에서 그는 "서울대병원이 식민성은 뚜렷한 반면 우리 역사와 의학에 관련된 근대성은 찾기 쉽지 않은 대한의원을 마치 서울대병원의 전신인 양 끌어안으려는 점은 납득하기 어렵다. 또 대한의원을 통해 나타나는 일제의 침략성과 식민성을 지적하는 것을 서울대병원에 대한 비난으로 여기는 것도 이해하기 힘들다."고 자신의 견해를 밝혔다.[68]

민족문제연구소는 3월 13일에 이틀 앞으로 다가온 대한의원 100주년 기념사업을 중지시키기 위해 서울대병원과

朝鮮總督府醫院第十三回年報（大正十五年・昭和元年）

沿革略

光武三年明治三十二年四月二十四日舊韓國勅令第十四號ヲ以テ醫院官制ヲ發布セラレ京城北部齋洞李鎬俊邸宅ヲ以テ之ニ充テ廣濟院ト稱シ内部ノ直轄ニ屬シ醫藥救療ヲ行ヒ又賣藥業ノ取締藥料檢査種痘獸畜病毒檢査ヲ行ヒタリ之レ本院ノ起原ナリトス

光武十一年明治四十年舊韓國勅令第九號ヲ以テ廣濟院ヲ廢シ大韓病院官制發布セラレタリ之ヲ議政府ニ直隸セシム當時ニ病舍ヲ馬兵山上タル現在ノ敷地京城府蓮建洞二十八番地ニ建テ内部大臣院長ヲ兼攝セリ病院ノ業務ハ診療教育衛生ノ三部ニ分タレ診療部ニハ疾病ノ診療貧民救療ヲ教育部ニハ醫師藥劑師産婆看護婦ノ養成教科書ヲ編纂ヲ衛生部ニハ地方衛生行政ヲ司リ又韓國赤十字社ノ囑託業務ヲ行ヒタリ、茲シテ此ノ教育部ハ醫學講習所ト盞廳ナリトス

隆熙元年明治四十年十二月二十七日舊韓國勅令第七十三號ヲ以テ官制改正セラレ翌隆熙二年現在ノ醫院本館及東西一號万至三號病室ノ新築落成ス

隆熙二年明治四十一年三月四日陸軍軍醫總監醫學博士佐藤進院長ニ任命セラレ是ニ於テ病院ノ基礎始メテ確立シ日新ノ醫術臘林ニ興リタリ同月教育部ヲ醫育部ト改稱シ五月醫院構内ニ醫學講習ノ教室ヲ新築シ現在ノ外來分館建物之レナリ

隆熙三年明治四十二年二月醫育部ヲ附屬醫學校ト改稱ス同月四日佐藤院長辭任シ七月二十日陸軍

沿革略

一

『조선총독부의원 제13회 연보』(1926) 속의 연혁

조선총독부의원은 자신들의 뿌리가 광제원과 대한의원이라고 주장했다. 서울대병원이 광제원과의 연계성을 강조하는 것은 이러한 인식과 무관하지 않다.

우정사업본부를 상대로 감사를 청구했다.[69] 그 내용은 기념사업의 역사적 정당성 검토 여부, 내외의 여론 수렴 여부, 예산 집행 적정성 등 세 가지 항목이었다. 또한 이와는 별도로 민족문제연구소는 3월 14일 박형우, 여인석, 이재명 등과 함께 기념우표 발행 및 판매 중지 가처분신청을 서울지방법원에 냈다.[70] 이에 대해 서울대병원은 3월 14일 보도자료를 내고 국립병원으로서 제중원 역사의 맥은 1899년의 병원(광제원)을 거쳐 대한의원으로 이어졌다고 주장했다.

당초 3월 15일의 '대한의원 100주년, 제중원 122년' 기념식에는 서울대학교 이정무 총장, 유홍준 문화재청장 등이 참석할 것으로 알려졌다. 그러나 실제로는 김신복 서울대 부총장, 성상철 서울대병원장, 종로구의회 의장, 종로구청장 등만이 참가한 초라한 기념식이 치러졌다. 행사 관련 유인물은 제공되지 않았고, 그 내용은 모두 영상으로 처리되었다. 서울대병원의 행사 강행에 대해 민족문제연구소는 긴급 논평을 내고 서울대의 역사인식을 질타했다.[71]

서울대 내부에서도 반발하는 목소리가 나왔다. 3월 16일 서울대학교 교수 20여 명은 긴급 성명을 냈고, 대한의원 100주년 기념행사가 반역적 행위라며 중단을 촉구했다.[72] 3월 24일에는 한마음 행사가 예정되어 있었는데, 서울대병원 노조가 성명을 발표했다. 이 성명서는 "서울대의 뿌리가

일본인가?", "국민 혈세로 진행하는 기념행사를 즉각 중단
하라", "이제라도 서울대병원은 국가중앙병원으로서 역할
을 하라!"고 요구했다.[73] 결국 한마음 행사는 교직원들의
냉소와 비판 속에 치러졌다.[74]

제3기 뿌리논쟁 2008~현재

2007년 서울대병원의 대한의원 100주년 행사 이후 제중원 뿌리논쟁은 잠시 수면 아래로 가라앉는 듯했다. 2009년 SBS 드라마 '제중원'이 방영 준비에 들어가고, 같은 해 7월, 연세대 의대 박형우, 박윤재 교수는 인터넷 신문『프레시안』에「의학사 산책」이라는 연재를 시작했다. 2010년 초 드라마 방영을 계기로, 제중원과 관련된 소설, 전기, 연구서 등 다양한 서적이 봇물을 이뤘다. 박형우, 박윤재 교수는 2010년 2월 초에『사람을 구하는 집, 제중원』이라는 책을 출간했다. 이에 대응하여 서울대병원 병원역사문화센터 김상태 교수는 같은 해 2월 말에『제중원 이야기』를 출간했다. 서울대 의대 의사학교실의 황상익 교수는 2010년 3월부터『프레시안』에「근대의료의 풍경」을 86회에 걸쳐 연재했다. 그 결과물은 2013년『근대의료의 풍경』이라는 단행본으로 출간되었다.

인터넷 기사와 단행본이 출간되는 과정에서 서평과 반론을 통한 논쟁이 이어졌다. 2011년 1월, 여인석, 박윤재 교수는 「황상익 교수의 『근대의료의 풍경』을 읽고」라는 제목으로 『프레시안』에 비평을 했고, 이에 대해 황상익 교수는 「『근대의료의 풍경』 비평에 대한 답글」이라는 제목으로 반론했다. 2013년 5월에는 『근대의료의 풍경』에 대해 여인석, 신규환 교수가 '빈곤 속의 역사학과 역사학의 빈곤'이라는 제목의 서평을 『프레시안』에 발표했다. 2013년 7월에는 황상익 교수가 「『근대의료의 풍경』 서평에 답한다」를 『프레시안』에 발표했다. 이밖에도 『조선일보』와 『한국일보』 등에서 제중원 뿌리논쟁은 계속되고 있다.

제3기 제중원 뿌리논쟁이 이전과 다른 점은 그동안 뿌리논쟁에 관망하는 태도를 보였던 서울대 의대 의사학교실의 황상익 교수가 이 논쟁에 본격적으로 개입하여 새로운 대립각을 형성하기 시작했다는 점이다. 황 교수는 학계에서 진보 진영을 대표하는 인물로 서울대병원이 대한의원을 기념하는 행태에 비판적인 입장을 견지했기 때문에 뿌리논쟁에서도 새로운 논의가 진전될 것으로 기대를 모았다.

그러나 황 교수의 주장 중 유일하게 의미 부여를 할 만한 주장은 대한의원에 대한 주장뿐이다. 그간 서울대병원이 식민의료기관인 대한의원을 찬양하는 몰역사적인 인식을 보여왔기 때문이다. 그 이외의 사안에 대해서 황 교수는 서울대병원과 연세의료원 모두를 비판하는 양비론적인 시각을 보여주지만, 기본적으로 서울대병원의 기존 주장을 일부 되풀이하고 있고, 제중원과 세브란스병원의 관계를 단절시키는 데 주력하고 있다. 뿌리논쟁과 관련된 황 교수의 주장은 다음과 같다.[75]

첫째, 황 교수는 시종일관 제중원을 국립병원으로 간주한다. 그리고 그것을 부정하는 사례가 등장하면 잘못된 문서라거나 사료 가치가 없다는 식으로 폄하한다. 예를 들어, 1906년 5월 대한제국 정부는 세브란스병원, 즉 새로 지은 제중원에 지원금을 보내자는 「제중원 찬성금에 관한 청의서」를 작성했다.

제중원의 설치가 이미 수십 년이 지났는데, 백성의 생명을 구제하는 데 열심입니다. 서울과 시골에서 민생의 병이 있으나 의지할 데가 없는 자와 치료를 해도 효과가 없는 자가 제중원에 부축되어 이르면 정성을 다해 치료합니다. 죽다가 살아나고 위험한 지경에서 목숨을 부지하게 된 자를 손가락으로 셀 수 없을 정도인데, 아직 한 마디 치하하는 말이 없고 한 푼 도와주지 못했으니 이것은 매우 부끄러운 일입니다. 제중원을 돕는 돈을 보내자는 의견이 이미 정부의 방침인 바, 결코 보류할 수 없어 이에 송부하니 잘 검토한 다음 찬성금 3,000환을 예산 외에서 지출해 제중원에 보내서 그 널리 시술하는 아름다운 뜻을 길이 장려함이 필요합니다.

- 1906년 5월 22일자

위 내용은 1906년 6월 4일자 『구한국관보』에 최종적으로 게재되었다. 이러한 정부 측 사료는 대한제국이 세브란스병원을 제중원의 연속적인 기관으로 인정하고 있었다는 사실을 확인해 주고 있다. 그러나 황 교수는 이 문서의 내용에서 조선 정부가 한 푼 도와준 바 없다는 얘기는 사실관계가 잘못된 문서이므로 사료 가치가 없다고 주장하고 있다. 「청의서」나 『관보』 같은 공식적인 문서의 가치를 부정하는 역사 연구는 자의적인 주장만을 내세우게 된다.

둘째, 황 교수는 서울대병원과 달리 제중원, 광제원, 대한의원 등의 승계를 인정하지 않는다. 각각의 병원은 법률적·제도적 승계를 보여주는 근거자료가 없기 때문에, 광제원이 제중원을 계승했다는 서울대병원의 주장은 받아들이지 않는다. 또한 광제원이 일제에 의해 식민의료기관으로 변모했으며, 대한의원이 일제의 식민의료기관임을 부인하지 않는다. 그러나 그는 제중원이 서울대병원이나 연세의료원 어느 쪽으로도 계승되지 않았다고 주장한다.

셋째, 제중원이 세브란스병원으로 계승되지 않았다는 황 교수의 주장은 운영권과 소유권은 분리되지 않는다는 황당한 논리에 근거한다. 황 교수는 1894년 제중원 운영권이 에비슨에게, 궁극적으로는 미국 북장로교 선교부에 이관되었음을 인정하고 있다. 그러나 그는 "제중원의 운영권은 1894년 9월 에비슨(사실상 미국 북장로교 선교부)에게 이관되었다가 1905년 4월에 건물 및 대지와 함께 환수되었다."고 주장한다. 특히 그는 "제중원의 건물, 대지와 분리된 별도의 운영권이라는 것은 없었다."고 하며, 선교부에서 제중원에 대한 소유권을 가지지 못했기 때문에 선교부의 운영권은 존재하지 않았다고 주장했다.

　이와 같은 논리로 그는 제중원의 세브란스병원 승계를 인정하지 않는다. 운영권이 건물과 대지의 소유권과 직결되어 있다는 주장이다. 그러나 역사상 병원의 운영권과 소유권이 분리되어 있는 사례는 얼마든지 존재한다. 건물과 대지를 소유하지 못한 병원은 자신의 기원과 역사를 가질 수 없다는 인식은 어떤 이론에 근거한 것인지 알 수 없다. 이처럼 제3기 뿌리논쟁에는 새로운 논리를 앞세운 독특한 해석이 등장하고 있는데, 논리만 앞세우면 역사적 사실과는 맞지 않는 새로운 사실이 등장할 수 있다는 점도 기억해야 할 것이다.

뿌리논쟁의
쟁점에 대한 검증

제중원은 누가 설립했나

제중원은 국립병원이었나

알렌은 고용된 의사였나

제중원의 운영권은 누구에게 계승되었나

제중원은 대한의원으로 통합되었나

고종과 조선 정부는 의료 분야의 근대화에도 주목했다.

1881년 일본에 파견한 조사시찰단을 통해 서양식 의료를 탐색했다.

이듬해에는 전통의학에 기초한 국립의료기관이었던

· 혜민서와 활인서를 폐지하여 국가 의료정책의 전환을 모색했다.

1884년 정부기관지 『한성순보』를 통해 백성들에게

서양의학 교육의 필요성을 알렸다.

미국 북감리회 선교사 매클레이|Robert S. Mclay가 우리나라에 들어와

서양식 병원 설립을 제안했을 때는 이를 허락했다.

조선에서 서양식 국립병원의 설립은 시간문제일 뿐이었다.

제중원은
누가 설립했나

서울대병원이 제중원은 국립병원이라고 말하는 과정에서 등장하는 미사여구 중의 하나는, 조선 정부가 근대화에 대한 강력한 추진 의지를 가지고 있었고, 제중원은 그러한 산물 중의 하나라는 것이다.

한국근대사를 타율의 역사가 아닌 주체적인 입장에서 해석하고 의미를 부여하려는 노력은 반드시 필요하다. 그러나 그것이 역사의 진실을 은폐하기 위한 수단으로 사용되어서는 안 될 것이다. 서울대병원은 서양식 국립병원의 자생적 설립을 강조하기 위해 제중원 설립에 결정적 역할을 한 알렌을 역사 속에서 지우기 위해 갖은 노력을 다하고 있다. 그런 방안의 하나는 조선 정부의 자생적 근대화를 강조하는 것이고 다른 하나는 알렌의 역할을 축소·폄하시키는 것이다.

1880년대∼1890년대 조선의 의료환경

조선 정부가 자율이 아닌 외세에 의해 강제로 문호를 개방하고 뒤늦게 근대화에 뛰어든 것은 주지의 사실이다. 의료 분야도 마찬가지였다.

조선 정부가 근대적인 개혁을 위해 혜민서와 활인서를 폐지하고 근대적 의료개혁을 추진했다는 것은 역사적 사실과는 거리가 멀다. 조선 후기에는 사적 의료체제의 발전으로 공적 의료체제가 무너지고 있었다. 사설 약국방 체제의 발전으로 조선 정부의 삼의사 체제는 무너졌으며, 새로운 의료체제의 건립이 요구되는 시점이었다. 1885년 즈음 조선 정부는 서양의학에 대한 별다른 준비를 하지 못했다. 고종과 조선 정부가 제중원의 설립에 호응했던 것은 조선 정부가 적극적으로 나서서 공적 의료체제를 지탱할 수 없는 상황에서 최선의 선택이었던 셈이다.

물론 조야에서 서양의학과 관련 제도에 관한 논의를 할수는 있었다. 그러나 그것이 담론 차원에서 논의되는 것과 실체화되는 것은 천양지차다. 조선의 전통적인 의료체계를 지탱해온 의과시험과 전의감이 폐지된 것이 1895년이었다. 실제로 1898년 7월 만민공동회가 의학교와 병원 설립을 위한 대대적인 운동을 하고, 학부에 정식 건의까지 한 일이 있다. 이때 조선 정부의 공식적인 대답은 의학교의 중요성을 모르는 것이 아니라 우선 순위에 밀리고 있으니 훗날을 기다려 달라는 것이었다.

경복자는 제중 위생이 시무에 반드시 중요함을 일찍 알았으되 다만 학교 힘쓰는 것이 초창하고 경비가 군졸하여 각종 학교를 예산에 넣지 못한 고로 의술 학교도 지금 겨를은 못하였으니 이렇게 아시고 아직 후일을 기다리심을 요구하노라.[1]

조야에서 서양의학의 필요성이 본격 제기된 것은 1899년경이었다. 게다가 대한제국 정부는 구본신참의 정체성을 가지고 동서의학을 병용하려는 태도를 보였다.

1885년 조선 정부가 근대국가 건설을 위해 서양식 병원모델을 적극적으로 도입했다는 것은 과장된 주장이다. 1885년 제중원 건립은 갑신정변과 민영익의 치료라는 우연적인 요소가 많이 작용했고, 미국과의 외교관계가 중요하게 고려됐다.

서양식 병원 건설에 적극적으로 나선 것은 바로 알렌이었다. 조선 정부는 선교사 알렌의 병원 건설안에 대응하여 호의적으로 호응했을 뿐이다. 제중원의 설립과정에 내무를 관리하는 내부가 직접 개입하지 않고, 외교를 담당하는 외

세브란스병원 정초식(1902)에 참석한 알렌과 에비슨

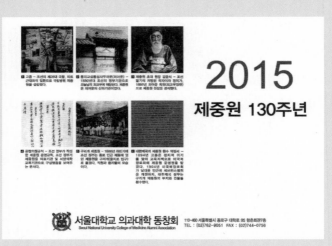

서울의대 동창회에서 만든 제중원 130주년 기념 달력

제중원을 말하면서 정작 제중원이 최초의 서양식 병원이 되게 만든 의사 알렌의 얼굴이 빠져있다. 이처럼 서울대병원은 필사적으로 제중원에서 알렌을 지우고자 한다. 그러나 의사 알렌이 지워지면 병원이라는 제중원의 본질적 성격 또한 지워지는 모순에 빠진다.

아문에서 관여한 것도 이 때문이었다.

조선 정부가 제중원 운영에 전권을 가졌거나 제중원이 자신들의 정체성에 맞다고 생각했다면, 조선 정부는 의학교육이나 병원 운영을 제중원 중심으로 재편했을 것이다. 그러나 조선 정부는 제중원과는 별도로 학부와 내부 주도로 서양의학을 교육하고 진료하는 의학교와 내부병원을 건립했다. 제중원과는 다른 별도의 의학교와 병원을 구성하는 것이 조선 정부가 원하는 동서의학의 병용이라는 정체성에 부합하도록 조직할 수 있었기 때문이다. 이것이 1899년의 일이다.

그 후에도 조선 정부는 의학교 부속병원과 적십자사 병원 등을 건립했다. 이 같은 조선 정부의 태도는 조선 정부가 제중원을 어떻게 인식하고 관리했는지 잘 보여준다. 1894년 에비슨이 조선 정부에 제중원의 운영권을 요구했을 때, 조선 정부가 그에 대한 별다른 이견을 내지 않은 것은 어수선한 시국과 재정적 부담 이외에도 제중원이 다른 정부병원과 다른 정체성을 갖고 있었기 때문이었다.

서울대병원의 '주장 2'

조선 정부는 제중원의 부지와 건물,

시설, 행정인력과 운영비 일체를 제공했고,

미국인 의사들을 고용해 환자 진료를 맡겼다.

제중원의 전반적인 운영과 감독은 당연히 정부 관리들 몫이었다.

이에 따라 당시의 선교사들도 각종 보고서에

제중원을 '정부병원'으로 표기했다.

결국 제중원은 조선 정부가 설립하고 운영한

우리나라 최초의 서양식 국립병원이었다.

제중원은
국립병원이었나

서울대병원은 제중원을 조선 정부가 설립하고 운영했으니 국립병원이라고 주장한다. 즉 정부병원이라는 용어가 국립병원과 같다는 것인데, 이것은 명백한 비약이며 왜곡이다.

'정부'라는 용어는 고대부터 현대까지 광범위하게 사용하는 반면, '국립'이라는 용어는 현대 국가체제 성립 이후 제한적으로 사용하고 있다. 현대 사회에서 정부가 조금이라도 관여했다고 해서 모든 기관이 국립이 되는 것은 아니다. 특히나 왕조 시대의 왕실이나 정부가 어떤 기관의 설립에 개입하고도 오늘날 국립기관과 무관한 기관도 없지 않다. 예컨대, 조선 정부가 세운 조선 최고의 학부인 성균관은 국립대학으로 계승되지 않았다. 실제 사료에 등장하지 않는 용어나 개념을 자의적으로 사용하면 필연적으로 역사적 왜곡이 생긴다.

정부병원은 국립병원인가

초창기 제중원은 조선 정부가 설립한 병원이고, 북장로교 선교부와 조선 정부가 공동으로 운영했다. 누구의 시선으로 보느냐에 따라 병원의 성격이나 운영 주체가 달라 보일 수 있다. 심지어 미국 공사관은 제중원은 자신들이 설립한 것이며, 조선 국왕의 양해와 원조로 운영되었다고 주장하기도 했다. 제중원의 설립에 조선 정부가 관여한 것은 분명한 사실이지만, 선교사의 건의에 의해 병원이 설립되고 선교사들이 병원 운영을 주도한 것도 틀림없는 사실이다.

당시 제중원 설립 이후 제중원을 지칭할 때 다양한 표현이 사용되었다. 정부병원government hospital, 왕립병원royal hospital, 공립병원public hospital 등이 그것이다. 당시 조선에서 선교는 합법적인 것이 아니었기 때문에, 선교병원이라는 명칭을 사용하거나 선교사 신분을 대놓고 드러낼 수는 없었으며, 병원 부지를 매입하거나 병원을 독자적으로 건립하는 것도 불가능했다. 따라서 의료선교사들은 제중원에 대해 선교병원이라는 명칭을 사용할 수 없었고, 정부병원이나 왕립병원이라는 명칭을 사용했다. 당시 한국의 의료선교사들에게 제중원이 정부병원이냐 왕립병원이냐는 중요하지 않았다. 의료선교사들에게는 선교가 합법화되지 않은 조선에서 의료선교를 시작할 병원이 설립되었다는 것만으로도 충분한 의의가 있었다.

예를 들어, 1887년「제중원 규칙」제정 당시 규칙 제정을 도왔던 일본인 가이세 도시유키海瀨敏行는 제중원을 공립의원으로 지칭하고 있다. 일본에서 공립의원이란 정부가 재정을 전적으로 지원하는 비영리병원을 뜻한다. 제중원이 일본의 공립의원과 정확히 일치하는 것은 아니었지만 일본인의 시각에서는 정부가 재정을 지원하지만 정부가 직접 운영하는 것이 아닌 공적 기관이 운영하는 비영리병원에 가깝다고 판단한 것이었다.

공립의원과 정부병원은 정부 지원을 받는다는 점에서 유사한 점이 있지만, 정부가 직접 운영하는 것과 공적 기관이 운영하는 것과는 차이가 있다. 더욱이 공립의원이 국립병원과 같다거나 정부병원이 국립병원과 같은 것은 아니다. 정부나 왕립이라는 용어는 고대부터 현대까지 광범위하게 사용하고 있는 반면, 공립이라는 용어는 한말과 일제강점기에 사용되었고, 관립은 일제강점기 이후 사용되었으며, 국립이라는 용어는 해방 이후 사용되었다. 이런 개념들은 역사성을 가지고 있기 때문에, 시기에 따라 제한적으로 사용되어야 하며, 자의적으로 사용하게 되면 그 역사적 의미를 잃는다.

예를 들어, 국립 서울대학교는 1946년 8월, 「국립서울대학교 설립에 관한 법령」에 따라 개교한 것이지, 신라 시대의 국학, 고려 시대의 국자감, 조선 시대의 성균관을 왕조 시대의 정부기관이 설립한 최고 학부라고 하여 국립 서울대학교의 기원으로 삼을 수는 없는 것이다. 현재 서울대학교는 1895년 4월, 법관양성소의 설립을 그 기원으로 삼고 있어 사회적으로 논란을 일으키고 있는데, 국립이라는 명칭은 1945년 해방 이후 대한민국 정부가 세운 기관에 한해서만 제한적으로 써야 할 것이다.

서울대병원의 국립병원설은 어떻게 만들어졌나

서울대 의대가 뿌리논쟁을 처음 제기했던 1978년 『서울대학교 의과대학사』에서 "혜민원과 활인원을 없애버리는 대신 그 재원을 활용하여 재동에 왕립병원인 광혜원을 고종 22년(1885년 4월 10일)에 설립하게 되었다. 이것이 우리 정부가 세운 최초의 국립병원이었다."라고 하여 국립병원설을 처음 제기했다. 1982년 신용하 교수가 논쟁에 뛰어들어 위탁경영설과 환수설을 주장하는 가운데에서도 국립병원설이 직접 거론되지는 않았다.

『일본의적록』(1925)에 나타난 경성의학전문학교의 뿌리인식
경성의학전문학교는 의학교(1899)에서 시작되어 대한의원 의육부(1907)로 계승되고 있다고 보았다.

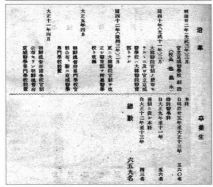

　국립병원설이 본격화된 것은 1984년 10월 정구충 박사 원고 변조 사건을 통해서였다. 서울대 의대 이정균 교수가 백만기 교수의 자문을 받아 정구충 박사의 원고를 임의로 변조하면서 왕립병원이라는 표현을 국립병원으로 변조했다. 이 사건은 정정 기사를 내는 것으로 일단락되었지만, 서울대병원이 제중원 국립병원설을 본격적으로 주장하는 신호탄이 되었다.

알렌이 갑신정변 당시 빈사 상태에 빠졌던

조선 정계의 실력자 민영익의 목숨을 구하고

고종의 신임을 얻음으로써

제중원 설립의 계기를 마련한 것은 사실이다.

그러나 그는 단지 제중원의 고용의사였다. …

당시 우리나라에는 아직 양의洋醫가 없었다.

그래서 고종과 조선 정부는 알렌을 고용해 환자 진료를 맡겼다.

그 후 스크랜턴William B. Scranton, 헤론John W. Heron,

하디Robert A. Hardie, 빈튼Cadwallader C. Vinton, 에비슨Oliver R. Avison 등이

차례로 제중원의 고용의사로 일했다.

알렌은
고용된 의사였나

서울대병원은 알렌 등 선교의사들이 조선 정부에 의해 고용된 의사일 뿐이라고 주장한다.

일반적으로 고용관계에서는 계약서가 필요하고, 계약서에는 계약기간, 보수, 계약조건 등이 제시되기 마련이다. 실제로도 조선 정부는 의학교 교관으로 일본인을 고용한 적이 있는데, 위와 같은 계약 내용이 모두 포함되어 있었다. 그러나 제중원 의사들에게서는 이러한 계약서와 계약 내용에 대한 언급을 어디에서도 찾을 수 없다. 더군다나 병원 설립을 직접 제안한 알렌에게 고종이나 조선 정부가 계약 관계를 요구하는 것도 자연스러운 일은 아니었을 것이다.

병원 건설안의 내용

1885년 1월 알렌은 고종에게 병원 설립을 제안하면서, 자신은 조선 정부로부터 급여를 받지 않을 것이며, 미국의 자선단체로부터 지원을 받아 1명의 의사를 더 초청하겠다고 말했다.

조선 정부가 만약 병원을 건설한다면, 저는 마땅히 최고책임자의 역할을 다할 것이며, 귀 정부가 제공하는 급여는 한 푼도 받지 않겠습니다. 단지 몇 가지 요구되는 일이 있습니다. 첫째, 서울에 공기 좋고 청결한 가옥 한 채, 둘째, 병원 운용에 필요한 등촉 및 연료, 보조원, 간호사, 하인 등의 월급, 가난한 환자들에게 제공하기 위한 음식 등, 셋째, 각종 약재비 삼백원 정도 등, 조선 정부가 이것들에 대해 허락할 뜻이 있다면, 저는 또한 의사 1명을 자비로 초청하겠으며, 6개월 후에는 이 병원에 근무하게 될 것입니다.

저와 그 의사는 조선 정부로부터 급여를 받지 않겠습니다. 급여를 받지 않는 까닭은 다른 데 있는 것이 아닙니다. 미국에는 백성들을 돕기 위해 설립한 병원사病院社, benevolent society 라는 조직이 있는데, 저와 그 의사는 그 조직에서 급여를 받고 있습니다.

Proposal for founding an Hospital
for the Government of His Majesty, the
King of Korea in Seoul.

Since the recent troubles, I have been called
upon by many Corean people to remove
bullets, and repair injuries done by fire
arms, as also to treat people sick from
other causes.

I have done what I could. But
many of these people lived at a distance
from my place, which prevented my
attending them, owing to my time be-
ing taken up with His Excellency Min
Yong IK and the wounded Chinese
Soldiers. In a few cases the patients
were rich and hired rooms near to
my place, so that I could see them
daily. Many of the poorer ones had
to be turned away for lack of proper
facilities. As an American citizen, I

알렌의 병원 건설안(1885)

알렌의 병원 설립 제안과 조선 정부의 호응을 통해 제중원이 건립되었다.

이와 같은 병원은 청나라의 베이징, 톈진, 상하이, 광둥 등과 다른 나라에도 많이 있습니다. 그중 두 개의 병원은 리훙장 자신이 스스로 운영하고 있습니다.

서울에 병원을 건설하는 것이므로 이 병원은 조선 정부의 병원이며, 백성들은 병이 생기면 삼가 몸을 살필 수 있으니 걱정이 없을 것입니다. 이러한 일에 조선의 대군주께서 만약 동의해주신다면 흔쾌히 처리될 거라 생각합니다.

－알렌의 「조선 정부 경중건설병원절론」 중에서

알렌은 사실 병원 건설안에서 자신이 의료선교사임을 은연중에 나타내고자 했다. 1880년 중국의 리훙장李鴻章은 의료선교사인 존 맥켄지John K. Mackenzie, 馬根濟를 지원하여 병원을 운영하고 있었는데, 알렌은 이 사례를 통해 자신이 선교의사임을 의도적으로 드러냈다.

그러나 이 일에 대해 알렌이나 조선 정부는 더 이상 자세히 언급하지는 않았다. 선교가 합법화된 중국과 달리, 조선에서 자칫 선교에 관한 논쟁이 불거질 경우 병원 설립 자체가 어그러질 수 있었기 때문이다. 그것은 양쪽 모두 원하지 않는 일이었다.

알렌은 처음부터 조선 정부에 고용되어 일하기를 바란 것도 아니었고, 그런 적도 없었다. 알렌이나 다른 선교의

알렌(제중원 1대 원장)

헤론(제중원 2대 원장)

빈턴(제중원 3대 원장)

에비슨(제중원 4대 원장)

사들이 조선 정부와 단순한 고용관계에 있었다면 처음부터 급여를 받지 않겠다고 주장할 필요는 없었을 것이다. 고종과 조선 정부는 선교의사들이 급여에 연연치 않고 진료활동을 하고 싶어한다는 것을 알고 있었기에 흔쾌히 병원 건립을 허락했던 것이다.

신수비의 실체

신수新水란 땔감과 음료를 지칭하는 것으로, 신수비란 월급, 생활비, 보조금 등의 뜻으로 사용된다. 알렌은 1887년 1월부터 13개월 동안 매달 50원의 신수비를 받은 전례가 있다. 서울대병원에서는 알렌이 조선 정부로부터 신수비를 받았다는 사실을 근거로 알렌이 조선 정부의 고용의사였다는 주장을 편다.

알렌이 받은 신수비는 매달 50원으로 이는 1886년 근대교육을 위해 설립한 육영공원 교사 월급 160원의 3분의 1에도 미치는 못하는 액수였다. 따라서 알렌이 받은 신수비가 제중원 근무에 대한 월급이라기보다는 조선 정부가 알렌의 활동에 대한 감사의 표시로 지급하는 일종의 사례금의 성격을 띤다고 보는 것이 타당하다.

사실 알렌은 자신이 받은 신수비의 성격을 밝힌 바 있다. 알렌은 귀국 후 출판한 책 *Things Korean*(1908)에서 자신이 조선 정부로부터 받은 돈은 국왕의 어의로서 일한 것에 대한 사례였다고 기술하고 있다. 어의는 상근직이 아니어서 궁궐에서 요청이 있을 때만 들어갔다. 알렌은 영국 공사관, 청국 공사관의 의사로도 일했는데, 이 역시 상근직은 아니고 요청이 있을 때만 가서 진료를 하는 방식이었다. 이들 공사관 의사로 일하는 대가도 월 50원 정도로 알렌이 정부에서 받은 신수비와 거의 같다. 이를 통해 당시 어떤 기관의 비상근 자문의가 받는 적정 보수가 월 50원 정도였음을 짐작할 수 있다.

　알렌뿐만 아니라 헤론과 에비슨이 신수비를 받은 것도 어의로서의 수고에 대한 보수였고, 비상근이었으므로 상대적으로 적은 50원을 받았을 것이다. 알렌은 처음 그의 제안대로 제중원에서는 무료로 봉사를 했다. 따라서 어의로서의 수고에 대한 대가를 제중원 근무에 대한 월급으로 간주하고, 이를 근거로 알렌이 정부의 고용의사에 불과했다는 식의 주장을 하는 것은 타당하지 않다.

서울대병원의 '주장 4'

국립병원 제중원은 1894년에 미국 북장로교에 이관되었다.
그런데 고종과 조선 정부가 넘겨준 것은
제중원의 운영권이지 소유권은 아니었다.
에비슨도 제중원은 '국왕의 소유인 바'
조선 정부가 제중원 개조에 소요된 비용을 지불하기만 하면
제중원의 모든 자산을 반납하겠다고 약속했었다. …
그 후 미국의 부호 세브란스로부터 기부금을 받은 미국 북장로교는
1904년 남대문 앞에 세브란스병원을 열었다.
이듬해인 1905년에 대한제국 정부는
제중원 부지와 건물(구리개 제중원)을 환수했다.

제중원의 운영권은
누구에게 계승되었나

서울대병원은 제중원의 운영권과 소유권을 분리하여, 조선 정부가 운영권은 선교부에 넘겼지만, 소유권은 환수했다고 주장한다. 곧 제중원이 운영권을 중심으로 세브란스병원으로 계승된 반면, 소유권은 환수되어 광제원으로 계승되고, 이것이 다시 대한의원과 서울대병원으로 이어졌다고 주장한다. 결국 제중원의 운영권과 소유권 분리 주장은 제중원(의 소유권)이 서울대병원으로 연결되었다는 근거로 활용되고 있다.

한편, 서울대병원의 또 다른 소수파 견해 중의 하나(서울대 의대 황상익 교수)는 제중원, 광제원, 서울대병원의 연계성을 부정하는 것인데, 그는 "제중원(1885~1905)과 광제원(1899~1907)은 별개의 국립병원이었을 뿐이다. 또 이후의 국립병원과 제중원과의 관계에 있어서도 마찬가지로

승계와 연결을 말하기 어렵다."고 주장하고 있다. 더 나아
가 "1905년 제중원을 대한제국 정부가 더 이상 병원으로
사용하지 않음으로써 국립병원 제중원은 역사 속으로 퇴장
했다."고 하여, 제중원과 세브란스병원의 연속성을 부정했
다. 이 주장은 제중원과 서울대병원의 연계성을 부정하는
새로운 주장인 듯하지만, 사실은 제중원과 서울대병원의
연계성뿐만 아니라 제중원의 세브란스병원 승계를 모두 부
정함으로써 제중원을 독자적인 국립병원으로 자리매김하
려고 했다.

또한 그는 "제중원의 운영권은 1894년 9월 에비슨(사실
상 미국 북장로교 선교부)에게 이관되었다가 1905년 4월에
건물 및 대지와 함께 환수되었다. 일부에서는 환수된 것은
제중원의 '건물들과 대지'라고 주장해, 제중원의 운영권과
법통은 여전히 에비슨에게 남아 있는 것처럼 호도하지만 이
는 근거 없는 주장일 뿐이다. 제중원의 건물, 대지와 분리된
별도의 운영권이라는 것은 없었다."고 주장했다.

그는 제중원과 서울대병원의 연속성을 강조하기 위해
제중원의 운영권과 소유권을 분리시켰던 서울대병원의 주
류 측 주장과 달리, 제중원과 세브란스병원의 연속성을 부
정하기 위해 제중원의 운영권과 소유권은 분리되지 않았다
는 새로운 견해를 제시했다.

에비슨의 전권관리와 제중원의 선교부 이관

1893년 11월 에비슨은 제중원에서 정식 근무를 시작했고, 한동안 제중원의 파행적인 운영을 지켜보았다. 더 이상 주사들의 전횡을 방관할 수 없다고 판단한 그는 조선 정부와 담판을 벌였다.

에비슨이 병원 운영의 전권을 맡고, 자신과 외국인 조수들은 급료를 받지 않으며, 주사들은 몇 명만을 파견할 수 있지만 제중원의 운영에 간섭할 수 없고 주사에게는 어떠한 급료도 지불하지 않는다는 조건이었다. 아울러 병원 부지에 자신의 집과 필요한 시설을 지을 것이며, 조선 정부가 제중원을 환수할 때에는 건축비와 수리비 등을 지불해야 한다고 했다.

조선 정부는 에비슨의 이러한 제안을 받아들여, 제중원의 일체 사무를 에비슨이 전권관리專管辦理하도록 했다. 1894년 9월 이후 제중원의 운영에는 커다란 변화가 생겼다. 에비슨을 비롯한 선교부가 독자적으로 병원을 운영하게 된 것이다. 의료선교사들이 더 이상 조선 정부의 눈치를 볼 필요가 없어졌기 때문에 이제 제중원은 사실상 선교병원으로서 기능하기 시작했다.

그러나 제중원 대지와 건물은 여전히 조선 정부의 재산이었고, 제중원 대지와 건물을 둘러싼 분쟁은 언제라도 재

에비슨(Oliver R. Avison: 1860~1956)

합자병원 시대의 마지막 제중원 원장으로 임명된 에비슨은 1894년 제중원을 선교병원으로 전환시켰고, 1904년 세브란스의 기부를 받아 세브란스병원이 최신식 근대병원의 면모를 갖추도록 하는 데에도 결정적인 역할을 했다. 에비슨은 제중원과 세브란스병원의 연속성과 정체성을 상징하는 인물이다.

현될 가능성이 있었다. 이러한 분쟁의 소지를 없애기 위해서 선교부는 제중원 대지와 건물을 양도받거나 반환해야 했다. 이 때문에 알렌은 제중원의 대지와 건물을 양도해 달라는 청원서를 대한제국 정부에 제출하기도 했다.

이 문제는 에비슨이 1900년 만국선교대회에서 세브란스를 만나 병원 건설 기부금을 마련하고도 병원 건립이 진척되지 못하는 결과를 초래했다. 조선 정부는 선교부의 새 병원 건설을 적극적으로 지지한다고 말하면서도 구리개 제중원에 새 병원을 건립할 경우 훗날 예상되는 이전이나 보상문제를 우려하고 있었다.

결국 세브란스는 새로운 대지에 건물을 지을 것을 요구했고, 대지 구입에 필요한 자금을 추가로 지급했다. 그렇게 해서 1904년 남대문 밖 도동에 세브란스병원이 건립되었고, 제중원의 인력과 설비 등은 모두 새로 지은 제중원, 즉 세브란스병원으로 이전되었다.

이제 남은 것은 텅 빈 제중원을 반환하는 일이었다. 조선 정부는 대지와 건물에 투자한 비용을 선교부에 정산해 주고 이를 반환하는 절차를 밟아야 했다. 제중원 반환에 적극적으로 나선 것은 조선 정부가 아닌 일본 공사관이었다. 일본 공사관은 선교부가 반환한 건물을 친일파인 미국인 스티븐슨 등의 관사로 활용할 계획이었다.

1905년 4월 외부대신 이하영과 선교부 대표 찰스 빈턴 사이에서 「제중원 반환에 관한 약정서」가 체결되었고, 제중원 반환에 관한 절차가 시작되었다. 이로써 10여 년 동안 관여해 온 조선 정부의 제중원에 관한 입장은 완전히 정리되었다. 이제 더 이상 제중원은 조선 정부와 관련이 없었다.

제중원-세브란스병원에 대한 인식

구리개 제중원의 대지와 건물이 조선 정부에 반환됨에 따라 더 이상 예전의 제중원은 종적을 찾기 어렵게 되었지만, 새로 지은 제중원(세브란스병원)에 대한 조선 정부와 백성들의 기대는 남달랐다. 기부자의 뜻을 기리기 위해 병원의 공식 명칭을 세브란스병원이라고 했지만, 제중원 운영자들의 입장에서는 새로 지은 제중원일 뿐이었다. 1902년 정초식 초청장에 '새로 짓는 제중원(쎄버란씨 긔렴병원)'이라고 언급했고, 초청자도 '졔즁원 백'이라고 표현하고 있어서 제중원과 세브란스병원이 동일 병원이라는 인식을 잘 드러내고 있다. 1904년 11월 낙성식 초청장에도 세브란스병원을 '새로 지은 졔즁원'이라고 표기하고 있다. 1905년에서 1907년 사이에 출판된 세브란스병원의학교 시기의 의학교과서 역시 모두 발행처가 제중원으로 되어 있다. 세브란스연합의학전문학교의 연혁 등에서도 일관되게 제중원을 그 출발점으로 기록했다.

1906년 5월 조선 정부는 그동안의 환자 치료를 치하하는 뜻에서 3,000원의 '제중원 찬성금'을 지급했다. 조선 정부 역시 세브란스병원을 제중원과 연속된 기관으로 인식하고 있음을 보여준다. 민간에서도 세브란스병원을 여전히 제중원이라고 불렀다. 1904년부터 1908년 사이의 『황성신문』 기사들은 모두 세브란스병원을 제중원이라고 부르고 있다. 1920년대 『동아일보』 기사에도 세브란스병원을 제중원이라고 칭하고 있다. 일본 후생성의 의사면허 관련 장부인 『일본의적록』(1925)에서는 세브란스병원의 연혁을 제중원에서 시작하는 것으로 기록하고 있고, 1894년부터는 북장로교가 경영한 것으로 기록하고 있다.

제중원 안팎에서는 이전, 반환, 신축, 개명 등 많은 변화가 있었지만, 조선 정부와 백성들의 눈에는 푸른 눈의 의사들이 서양식 의술로 조선의 백성들을 위해 치료하는 병원이라는 본질에는 어떠한 변화도 없었다. 이처럼 세브란스병원, 조선 정부, 일본 정부, 언론 등 모두 제중원과 세브란스병원은 연속된 기관이라는 인식을 가지고 있었음을 알 수 있다.

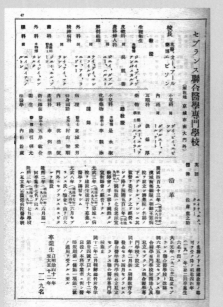

濟衆院入院料

각동의 모다나려

남대문밧 제중원은 수십년동안
우리사회에 공헌이 만흔 병원인
것은 누구나다아는바인데 근일
재계공황한여파를 당하야 일반환
자에게 다소의편의를 도으려고
지난달 하순부터 립원료금액여하
래와가치 감원하엿는데 특종에
오원으로록원 일등에이원 어몽
에이원 삼등에 일원이라며...

제중원 입원료
1920년대 언론에서 세브란스병
원을 제중원으로 칭했다. 『동아일
보』(1922. 12. 14.)

『일본의적록』(1925)의 세브란스 연혁
제중원에서 시작하는 것으로 기록하고 있다.

『약물학상권』(1905)
세브란스병원의학교의 교과서들
은 발행처를 모두 제중원으로 표
기하고 있다.

제중원 운영권과 소유권

서울대 의대 황상익 교수는 세브란스병원이 제중원의 대지와 건물을 양도 받아 제중원 자리에 세워졌어야 제중원이 세브란스병원으로 이어질 수 있다고 주장한다. 이러한 주장이 억지라는 것은 분명하다. 이런 논리라면, 대한민국 헌법은 "대한민국 정부의 법통은 임시정부를 계승했다."고 명시하고 있는데, 청와대라는 대지와 건물 위에 존재한 적이 없는 임시정부는 대한민국으로의 연속성과 정통성을 가질 수 없다는 주장이 된다.

또 그는 "제중원의 건물, 대지와 분리된 별도의 운영권이라는 것은 없었다."고 주장하면서 의료선교사들이 제중원의 소유권을 갖고 있지 않았기 때문에, 운영권이라는 것도 존재하지 않는다고 주장한다. 에비슨은 조선 정부로부터 얻어낸 전권(전관판리)을 통해 제중원을 독자적으로 운영하기 시작했는데, 그와 같은 논리라면 에비슨은 운영권과 더불어 소유권까지 갖고 있었다는 이야기가 된다. 사실에 기초하지 않은 논리는 사실과 전혀 관계없는 주장으로 확대될 수 있다.

더군다나 그는 대한제국 정부가 세브란스병원에 지급한 '제중원 찬성금'에 대해서는 "사실 관계가 완전히 잘못

閔景植經理院監督臣赫禮式院副卿高義敬兼任制度局議定官○三十一日.宗廟署提調尹泰興任永禧殿提調從二品金德漢任宗廟署提調從二品丁大緯任侍從院副御竝敍勅任官三等議政府議政大臣閔泳奎兼任太醫院都提調○勅令第二十五號震事試驗場官制發止件裁可頒布○議政府因度支部議領尉官俸給及下士兵卒給料增頒六萬六千五百二十八圜度量衡製造費五萬二千四百十五圜桑港居雷本國民罹災救恤金四千圜廣濟院擴張費二萬七千八百五圜地方出駐費一千七百六十八圜學部經費增頒一萬九千六百十八圜京城公園地標石費一百八十三圜黃海道觀察府警官處所修理費一百八十七圜豫備金中支出支經議上奏制曰可.○議政府議政大臣閔泳奎疏略臣自承恩命中夜寤

제중원 찬성금

조선 정부는 제중원에 3,000원의 찬조금을 지급하겠다는 결정을 『구한국관보』 3470호(1906. 6. 4.)에 게재했다.

된 정부 문서이기에, 제중원의 역사를 기술하는 데에 사용할 만한 사료로서의 가치가 없다고 생각한다."고 말함으로써 사료 자체를 부정하기에 이른다.

대한제국 정부가 '제중원 찬성금'을 지급하고자 하는 내용을 서술하면서, 제중원이 백성의 생명을 구하는 데 최선을 다하고 있는데, 정부가 "한 마디 치하하는 말이 없고 한 푼 도와주지 못했으니 매우 부끄러운 일이다."라며 정부가 응당 제중원을 도와주는 게 도리라고 말한 대목이 있다. 이 문장은 누가 봐도 정부가 크게 도와준 일이 없으니 고군분투하는 제중원을 도와야 한다는 미사여구에 불과한데, 황교수는 정부가 제중원에 대해 한 푼 도와준 적이 없다는 말은 거짓이니 이 문서가 사료로서의 가치가 없다고 주장한다. 대한제국이 발행한 『구한국관보』에 적시된 사실을 자신의 주장에 배치된다고 하여 부정하는 것은 사료를 대하는 올바른 태도가 아니다.

새로 지은 제중원, 세브란스병원

기부자인 세브란스의 뜻을 기리기 위해 공식 명칭을 '세브란스병원'이라고
했지만, 제중원 운영자들 입장에서는 '새로 짓는 제중원'일 뿐이었다.

재동 제중원(1885~1887)

구리개 제중원(1887~1904)

도동 세브란스병원(1904~1957)

신촌 세브란스병원(1957~현재)

서울대병원의 '주장 5'

대한의원이 서울대병원의 전신인 것은 이미 널리 알려진 사실이다.

대한의원의 모체인 광제원은

제중원 부지와 건물(홍영식의 집)을 사용했을 뿐만 아니라.

제중원 운영 경험을 바탕으로 운영되었다.

대한의원은 제중원을 계승한 측면이 있는 것이다.

결국 제중원은 서울대병원 역사와도 맥이 닿는다.

제중원은 대한의원으로
통합되었나

서울대병원은 제중원이 광제원을 거쳐 대한의원으로 통합되었으며, 대한의원이 서울대병원의 전신이라고 주장한다. 대한의원이 의학교부속병원, 광제원, 대한적십자병원 등 세 병원을 통합하여 설립된 것은 분명한 역사적 사실이다. 그러나 세 병원의 통합과 제중원은 무관하며, 더군다나 제중원과 대한의원은 아무런 선후관계가 없다. 서울대병원이 역사적 사실관계를 무시하고 자신들이 원하는 방향으로 계승 관계를 설정하면, 사실관계를 왜곡하게 된다.

우선 대한의원은 서울대병원이 그렇게 떳떳하게 자신의 전신이라고 내세울 만한 병원이 아니다. 대한의원은 다름 아닌 일제의 조선 침략에서 맨 선봉에 섰던 이토 히로부미가 직접 명명하고 설립을 기획한 병원이기 때문이다. 대한의원은 조선인을 위한 병원이 아니라 침략자인 일본인을

위한 병원이었으며, 조선을 지배하기 위한 병원이었다. 이
토 히로부미가 대한의원을 통해 의학교부속병원, 광제원,
대한적십자병원 등을 통합한 것 역시 동서의학을 병용하고
자 했던 대한제국의 이상을 폐기하고, 서양의학으로 일원화
하여 식민지배를 강화하고자 한 의도가 있었기 때문이다.

선교병원인 제중원은 식민통치를 위한 병원인 대한의원
과 아무런 관련이 없으며, 제중원과 대한의원을 연결시키
기 위해 광제원을 끌어들이는 것도 무리한 설정이다. 광제
원은 내부에서 직할하는 한방병원이었으며, 일제의 식민화
과정에서 서양의학을 시술하는 병원으로 변모했다. 그런

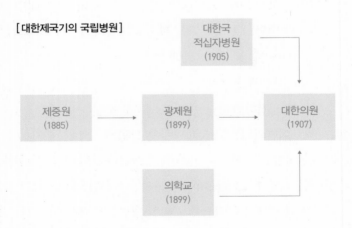

서울대병원이 제시하는 제중원의 계승 관계도

광제원은 제중원과 어떤 관련도 갖고 있지 않다.

대한제국의 병원들

대한제국 시기(1897~1910) 정부는 의학교부속병원, 광제원, 대한적십자병원 등 세 병원을 설립했으며, 이들 병원은 대한제국의 정체성을 가진 병원이었다. 대한제국은 구본신참舊本新參, 동서병용의 정체성을 가지고 있었다. 서구적 근대화에 대응하여 근대화를 수용하면서도 전통적인 가치와 근본을 버리지 않는다는 전략이었다. 말하자면 대한제국은 한의학과 서양의학을 동등한 시선에서 바라보았다. 이에 따라 대한제국은 의학과 병원 분야에서도 동서의학을 병용하고자 했다. 대표적으로 의학교 설립 논의과정에서 이런 모습이 잘 드러난다.

1896년 4월 창간된 『독립신문』은 위생계몽을 역설하는 한편, 같은 해 12월부터는 당장은 어렵겠지만 의학교 설립이 필요하다는 의견을 내비치기 시작했다. 1898년 3월, 만민공동회는 학부대신에게 서양의학을 가르치는 의학교 설립을 정식으로 건의했고, 대한제국 역시 긍정적인 답변을 냈다. 같은 해 12월에는 의학교 설립이 승인되고 예산이 편성되었다. 1899년 3월의 「의학교관제」에 의하면, 의학교는 3년제의 한의학과 서양의학을 모두 교수하는 기관으로 설계되었다. 지석영이 의학교 초대 교장이 된 것도 동서의학에 모두 능통한 그의 이력을 배경으로 한 것이었다. 교관 3인은 한의학, 자연과학, 서양의학을 교수할 수 있는 인물로 충원되었다. 그러나 1899년 7월의 「의학교규칙」에 따르면, 의학교의 교육내용이 기초과학, 기초의학, 임상의학 등 서양의학 위주로 편성되었는데, 사실상 서양의학 교육기관으로 정착되었음을 알 수 있다. 의학교 부속병원은 1902년 8월에 완성되어 의학생들이 실습을 할 수 있었다.

1899년 4월, 내부대신의 건의로 전통 한방을 시술하는 내부병원이 건립되었다. 의학교와 그 부속병원이 서양의학 위주로 교육하고 실습하는 병원으로 재편되어 감에 따라, 내부병원은 한의학 위주의 구료병원으로 계획되었다. 내부병원의 의료진 역시 종두의와 한방의사 위주로 편성되었다. 1900년 6월, 내부병원은 광제원으로 개칭되었으며, 광제원 운영 초기에는 한약과 양약 처방을 병용하고, 한방을 위주로 진료했다. 1905년 한일협약을 전후하여 일제는 광제원을 서양의학 위주로 개편하려는 작업에 착수했고, 결국 일제는 광제원의 기존 한의사들을 축출하고 일본인에 의한 서양의학 중심으로 재편해 나갔다.

세 병원 중 가장 뒤늦은 대한적십자병원은 1905년에 설립되었는데, 고종 황제가 작고참금酌古參今의 원칙에 따라 혜민서와 활인서의 전통을 잇고 적십자정신이라는 국제외교의 정신을 계승하기 위해 창립했다. 대한적십자병원은 주로 빈민 부상자와 재해 피해자를 대상으로 한 병원으로 치료보다는 자선과 구료가 주요한 활동이었다. 따라서 대한적십자병원 역시 서양의학 위주의 병원이 아니라 전통의학에 기초한 간호활동이 위주였다. 이처럼 대한제국 시기의 세 병원은 기본적으로 동서병용이라는 대한제국의 정체성에 충실했다.

서울대병원은 세 병원 중에서 광제원이 제중원과 연속성을 지닌다고 말한다. 그러나 대한제국이 설립한 광제원은 한방병원의 정체성을 가지고 있었고, 이런 광제원은 제중원과 아무런 계승 관계를 가지고 있지 않다. 더구나 광제원이 제중원의 건물과 부지를 사용했다는 것도 근거가 없으며, 광제원이 제중원 운영의 경험을 가졌다는 것도 자의적인 주장일 뿐이다. 따라서 제중원(선교병원) – 광제원(전기 한방병원, 후기 일제 식민통치기관) – 대한의원(일제 식민통치기관)이 같은 뿌리로서 연속성을 가졌다는 것은 이해할 수 없는 주장이다.

서울대병원이
답해야 할 질문들

서울대병원은 '국가중앙병원'인가

서울대병원은 왜 일제의 유산을 기념하는가

서울대병원은 조선총독부의원을 계승하는가

서울대병원의 설립주체는 누구인가

서울대병원은
'국가중앙병원'인가

제1차 뿌리논쟁이 마무리되어 가던 1997년 9월 30일 서울
대병원은 「병원연혁에 관한 좌담회」에서 21세기 서울대병
원의 위상을 논의하면서 '국가중앙병원'이라는 용어를 처
음 사용했다. 이는 법인화 20주년을 눈앞에 둔 상황에서
병원의 정체성과 역할에 새로운 의미를 부여하고자 한 시
도였다.

그러나 국가중앙병원이 무엇인지에 대한 정확한 개념
정의는 없었다. 조선 정부에 의해 세워진 제중원이나 광제
원이 대한민국이 설립 주체가 되는 서울대병원의 직접적
인 전신으로 보기 어려우므로 이들의 법률적인 승계 관계
에 집착하기보다는 "근대의학이 우리나라에 도입되어 발달
하는 과정 속에서 각 시대의 국가중앙병원이 수행해 온 역
할을 살펴보는 가운데 서울대병원의 역사적 모습이 제대로

드러날 수 있을 것"이라고 하여, 새로운 시각에서 서울대병원의 기원을 탐색하고자 하는 의도였다. 그 결과 "오늘의 서울대병원의 위상이라든가 성격, 지향하는 바 등과 관련해 과거 병원들의 성격과 모습 등을 파악함으로써 '정신의 계승' 차원에서 서울대병원의 기원 문제에 접근하려고 하였다."고 말했다.[1] 여기서 말하는 '정신의 계승'이라는 것은 국가중앙병원이라는 맥락에서 제중원과 서울대병원이 이어지고 있다는 것을 강조한 것이었다.

서울대병원은 1978년 7월 서울대학교 의과대학 부속병원에서 특수법인으로 독립했다. 그 결과 일반적인 국공립대학 부속병원이 보건복지부 산하였던 것과 달리 서울대병원은 교육부의 지휘·감독을 받게 되었다.

그러나 2003년 2월 보건복지부가 '국가중앙병원'으로서 국립의료원을 확대·개편하려는 계획을 실시하면서 서울대병원의 지위와 국가중앙병원 주장에 제동이 걸렸다. 이 계획안에 따르면, 국립의료원을 확대·발전시켜 국가중앙의료원을 설립하고, 서울대병원을 포함한 14개 국립대학병원을 보건복지부 산하로 재편할 계획이었다. 서울대병원은 교육부에서 보건복지부로의 이전에 난색을 표하고, 교육과 연구기능이 위축될 수 있다는 우려를 나타내면서 서울대병원의 기존 입장인 국가중앙병원 주장을 철회하기도 했다.

2007년 서울대병원 노조가 국가중앙병원의 정점인 대한의원 100주년 행사의 취지에 반발하면서 국가중앙병원의 논리는 일단락되는 듯 보였다.[2] 그러나 여전히 서울대병원 누리집이나 각종 인터뷰 등에는 공식적인 수식어처럼 '국가중앙병원인 서울대병원'이라는 용어를 상용하고 있다.

여기서 먼저 논의해야 할 점은, 서울대병원을 국가중앙병원이라고 했을 때, 국가중앙병원이란 무엇인가 하는 문제다. 그것은 우리나라의 모든 병원들이 서울대병원을 중심으로 조직되어 있다는 의미일까?[3] 아직 국가중앙병원에 관한 정확한 정의가 없지만, 단어 속에 내포된 함의만으로 보자면, '한 국가의 중심이 되는 병원' 또는 '국가가 필요로 하는 공공의료를 중심적으로 운영하는 병원'이라는 뜻일 것이다. 과연 서울대병원이 국가중앙병원으로서 그런 기능과 역할을 수행해 왔는지 자문해 볼 필요가 있다. 그런 역할을 어느 누구도 부여한 적 없고 해 본 일도 없다면 일개 법인 병원의 망상치고는 너무 지나친 자기비약이 아닌가.

상식적인 수준에서 생각해보자면, 우리 역사에서 국가중앙병원이라고 할 만한 병원은 없었다. 각각의 서로 다른 병원에 요구되는 기능과 역할이 있었을 뿐이다. 대한민국에는 서울대병원도 있지만, 각 도마다 설치된 여러 국립대학병원이 있고, 그 외에도 국립의료원을 비롯하여 그 목적에 따라 국가에서 설립한 많은 의료기관이 있다. 그렇지만 이들 기관이 단지 국가에서 설립했다는 이유만으로 동일한 역사를 공유하는 하나의 기관이 되는 것은 아니다. 더욱이 모든 국립의료기관의 역사가 국가중앙병원인 서울대병원의 역사로 수렴된다고 생각하는 것은 지나친 오만이다. 더구나 서울대병원이 다른 국공립병원를 지도하는 위치에 있는 것도 아니다. 서울대병원은 교육부 관할로 보건복지부나 지방자치단체 산하의 국공립병원 네트워크와 동떨어져 있다. 각각의 기관은 나름대로의 개체성을 갖고 각자의 역사를 이루어 간다.

서울대병원은 왜
일제의 유산을 기념하는가

조선총독부의원과 서울대병원의 역사인식

대한의원은 일제의 한국 병합과 함께 조선총독부의원으로 개명되었다. 조선총독부의원은 자신들의 연보 연혁에서 1899년 설립된 광제원을 기원으로 지목했고, 1907년 이후 성립한 대한의원으로 계승되었다고 서술했다. 사실 내부병원으로 시작한 광제원은 한방병원이었지만, 1906년 서양의학을 시술하는 일제의 식민의료기관으로 개편되었고, 1907년 대한의원으로 통폐합되었으니, 조선총독부의원이 자신들의 기원으로 광제원을 지목한 것은 이유가 없지는 않다.

고종은 1897년 국내외 정세가 안정되자 대한제국을 수립했다. 1899년에는 우리나라 최초의 국립 서양의학 교육기관인 의학교와 국립병원 광제원을 세웠다. 이후 의학교(부속병원 포함)와 광제원은 대한국적십자병원과 함께 1907년에 대한의원이 되었다. 대한의원이 서울대병원의 전신인 것은 이미 널리 알려진 사실이다.[4]

그런데 놀랍게도 서울대병원의 역사인식이 조선총독부의원의 역사인식과 다르지 않다. 식민지의료기관인 광제원과 대한의원을 서울대병원의 전신으로 인식하고 있기 때문이다.

이토 히로부미와 대한의원

1906년 3월, 초대 통감으로 부임한 이토 히로부미가 조선의 의료 부문 현안으로 가장 먼저 주목한 것은 병원 통합과 위생행정의 장악 문제였다. 당시 조선은 을사늑약을 통해 외교권을 박탈당한 상태였으며, '한국 시정개선에 관한 협의회'를 통감이 간접 지배하고 있었다. 이토 히로부미는 한국인이 장악하고 있는 병원을 재편하고 위생행정을 직접 관할하고자 했는데, 이 두 가지 문제를 한번에 해결해 줄 방안이 바로 대한의원 건립안이었다.

그해 6월, 이토 히로부미는 일본 육군군의총감인 사토

스스무를 초빙하여 병원 건설과 조직 재편에 필요한 역할을 담당하게 했다. 대한의원은 단순히 기존 병원을 통합하여 의학교육과 진료를 담당하는 기능에 그치지 않고, 보건·위생행정까지 담당하는 무소불위의 권력기구로 탄생될 예정이었다. 같은 해 7월, 이토는 이 병원을 '대한의원'이라고 친히 명명했고, 사토는 대한의원 창설위원회를 조직하여 대한의원 건립안을 추진했다.

1907년 3월의 「대한의원 관제」에서는 대한의원이 의학교육, 위생의료, 위생행정 전반을 총괄할 수 있도록 했다. 그러나 그해 12월의 「대한의원 관제」에서는 대한의원이 의학교육과 진료활동만을 담당하도록 했다. 이토는 초기에 대한의원을 통해 위생행정을 장악하고자 했는데, 일본인이 대한제국의 관리가 될 수 있는 합법적 제도가 보완되면서 굳이 편법적 형태를 지속시킬 필요가 없었다.

대한의원은 초지일관 일제의 식민지배를 위해 만들어지고 통감의 구미에 따라 조직개편이 이루어진 명백한 식민통치기구였던 것이다. 서울대병원은 이런 식민지 의료기관을 '중앙집중적 국가의료체계의 정점'이라 평가하고, 많은 경비를 들여 대한의원 100주년의 기념식을 강행했다. 서울대병원이 이처럼 일제의 식민유산을 기념하는 이유는 과연 무엇인가?

대한의원 개원 기념사진5

대한의원 기념사진에 실린 건립 주역들의 모습은 대한의원이 식민지배를 위해 설립된 병원임을 잘 보여준다(❶ 전 참정대신 박세준, ❷ 통감 이토 히로부미, ❸ 총리대신 이완용, ❹ 전 재정고문 메가타 슈타로, ❺ 대한의원장 사토 스스무, ❻ 탁지부대신 임선준, ❼ 내부대신 송병준, ❽ 관내부대신 이지용).

서울대병원은
조선총독부의원을 계승하는가

제중원의 계승 관계

제중원의 계승 관계를 도표로 보자면 119쪽과 같다. 연세
의료원의 입장은 제중원이 정부병원적인 성격과 선교병원
적인 성격을 가지고 있었고, 1894년 에비슨의 담판에 의해
선교병원으로 변화되었으며, 1904년 세브란스병원 건립으
로 제중원에서 세브란스병원으로 이전되었고, 1957년 연
희대학과 세브란스의과대학이 통합되어 연세대학교로 발
전했다고 본다.

제중원은 1885년 재동 제중원에서 시작하여 1887년 구
리개 제중원, 1904년 남대문 밖 도동 세브란스, 1957년 신
촌 세브란스병원 등 세 차례 이전하면서 장소와 이름 등이
변경되었지만, 의료진 및 교직원 구성, 시설, 병원의 정체성

연세의료원의 입장

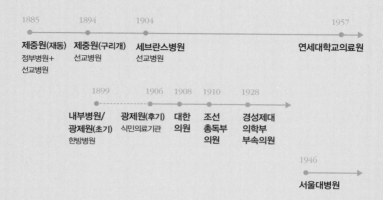

1885	1894	1904		1957
제중원(재동)	제중원(구리개)	세브란스병원		연세대학교의료원
정부병원+	선교병원	선교병원		
선교병원				

	1899	1906	1908	1910	1928
	내부병원/	광제원(후기)	대한	조선	경성제대
	광제원(초기)	식민의료기관	의원	총독부	의학부
	한방병원			의원	부속의원

1946
서울대병원

서울대병원의 입장

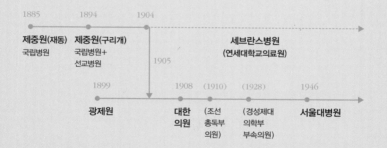

1885	1894	1904		
제중원(재동)	제중원(구리개)		세브란스병원	
국립병원	국립병원+		(연세대학교의료원)	
	선교병원	1905		

1899		1908	(1910)	(1928)	1946
광제원		대한	(조선	(경성제대	서울대병원
		의원	총독부	의학부	
			의원)	부속의원)	

* 서울대병원은 대한의원과 직접적인 계승
관계에 있는 조선총독부의원과 경성제대
의학부 부속의원과의 계승 관계에 대해
서는 함구하고 있다.

과 성격 등에서 근본적으로 달라진 것은 없다는 입장이다.

반면 서울대병원은 제중원이 정부병원으로 출범했으며, 1894년 조선 정부는 에비슨을 비롯한 선교부에 제중원의 운영권만을 넘겨주었는데, 이것은 곧 제중원이 운영권을 중심으로 세브란스병원으로 계승되었던 반면, 소유권은 환수되어 광제원으로 계승되고, 이것이 다시 대한의원과 서울대병원으로 이어졌다고 주장한다. 그런데 여기서 주목해야 할 것은 서울대병원은 대한의원 이래로 40년 동안의 공백에 대해서는 설명하지 않는다는 점이다.

선택적으로 계승하는 서울대병원

서울대병원은 식민의료기관인 광제원(후기)과 대한의원은 계승했다고 하면서, 같은 병원인 조선총독부의원과 경성제국대학 의학부 부속의원은 계승했다고 주장하지 않는다. 이는 어불성설이다. 적어도 대한의원, 조선총독부의원, 경성제국대학 의학부 부속병원은 인적 구성, 병원 건물 자체뿐만 아니라 병원의 성격까지도 이전과 다를 바 없기 때문이다.[6] 아마도 조선총독부의원과 경성제국대학 의학부 부속의원이라는 명칭으로는 식민지 의료기관임을 숨길 수 없었기 때문에, 드러내고 계승 관계를 말하기 어려운 점이 있을 것이다. 이름만으로는 식민지 의료기관임을 잘 알기 어려운 광제원과 대한의원에 대해서는 그토록 계승 관계를 주장하는 것과는 대조적이다.

한마디로 성격과 정체성이 동일한 기관 중에서 자신의 입맛에 맞는 기관만 선택적으로 계승하겠다는 것인데, 이러한 인식은 지극히 비상식적인 역사인식이라고 밖에 말할 수 없다.

대한의원 이래 시계탑 건물의 모습

대한의원, 조선총독부의원, 경성제국대학 의학부 부속의원,
서울대병원이 같은 병원임을 잘 보여준다.

대한의원
(1908. 10. 24.)

조선총독부의원
(1916)

경성의학전문학교
시기의 조선총독부
의원(1924)

경성제국대학 의학부 부속의원(1930년대)

대한의원 100주년 기념행사 당시의 서울대병원(2007)

서울대병원의
설립주체는 누구인가

서울대병원의 설립주체는 누구인가? 이 물음에 대해 서울
대병원은 '국가'라고 답한다. 이 대답이 완전히 틀렸다고
말하기는 어렵지만 부정확하거나 무의미하다. 왜냐하면 이
러한 대답은 당신 아버지가 누구냐는 질문에 대해 '사람'이
라거나 '남자'라고 답하는 것과 같기 때문이다. 질문자의 의
도는 세상에 존재하는 많은 사람들, 혹은 남자들 가운데 어
떤 특정 개인이 당신의 아버지인가를 말해달라는 것이다.

   마찬가지로 서울대병원의 설립주체가 누구냐는 질문은
세상에 존재하는, 그리고 존재했던 많은 국가들 가운데 어
떤 국가가 설립주체인가를 묻는 것이다. 서울대병원이 특정
한 역사적 시공간 속에 존재하는 특수한 개별 병원이지, 보
편적 국립병원의 이데아가 아닌 다음에는 대한민국이 자신
의 설립주체라고 답하는 것이 마땅하다. 그럼에도 불구하고

서울대병원은 이 질문에 대해 시종일관 자신의 설립주체는 국가라는 무의미한 대답을 계속하고 있다. 서울대병원은 왜 이처럼 무의미한 답변을 고수하는 것일까?

그 이유를 짐작하는 것은 어렵지 않다. 그것은 제중원을 국립병원으로 규정한 의도와 맞닿아 있다. 서울대병원의 설립주체를 대한민국이라는 특정 국가로 인정하는 순간, 제중원은 조선이라는 특정 나라의 병원이 되고, 서울대병원의 물리적·실질적 전신인 조선총독부의원의 설립주체는 일본제국임이 드러난다. 그렇게 되면 서울대병원은 제중원과 자신의 연속성을 주장하려다 조선국−일본제국−대한민국을 연속적 주체로 인정해야 하는 문제에 봉착하게 된다. 이 문제를 피해가기 위해 서울대병원은 제중원의 설립주체를 보통명사인 국가로 규정하고, 자신의 설립주체 역시 대한민국이라는 고유명사가 아니라 일반명사인 국가로만 규정하는 것이다. 이로써 서울대병원이 고유명사로서의 국가와 일반명사로서의 국가를 동일시하는 오류를 의도적으로 범하고 있는 이유가 분명히 드러난다.

서울대병원이 자신과 제중원을 연결시키는 근거는 '국가'라는 주체의 동일성이다. 그러나 그들이 내세우는 국가라는 주체의 동일성이 도저히 동일할 수가 없는 국가들을 하나로 뒤섞어 놓은, 얼마나 자의적이고 허구적으로 설정된 동일성인지 우리는 위에서 보았다. 또 다른 문제는 그들이 연속성의 근거로 삼는 주체의 동일성이란 기준을 자신에게만 편파적으로, 그것도 지극히 자의적으로 적용한다는 사실이다.

처음 제중원의 설립 이후 세브란스병원으로 이어지는 과정에서 병원의 실질적 운영의 주체는 북장로교 선교부라는 동일한 주체였다. 그런데 이번에 그들은 연속성의 근거로 건물과 대지의 동일성을 내세우며 제중원에서 세브란스 병원으로 이어지는 주체의 동일성에는 눈을 감는 이중적 행태를 보인다. 어떤 기관의 연속성을 결정하는 본질적 요소는 건물의 동일성이 아니라 주체의 동일성이다. 이는 동일한 건물을 청사로 사용했다는 이유로 조선총독부와 대한민국 정부를 동일시할 수 없는 사실에서도 명백하게 드러난다.

대한민국과 일본제국, 조선국은 각자 고유한 별개의 역사적 단위다. 따라서 이들 국가가 설립한 기관도 별개의 역사적 단위로 취급해야 한다. 현재 한국 사회에 존재하는 국립기관의 설립 주체는 대한민국이라는 특정 국가이지 일반명사로서의 국가가 아니다. 서울대병원은 국가라는 추상적 관념의 세계 속에 자신의 계보를 그려 넣는 일에 국민의 세금을 낭비할 것이 아니라, 자신의 존재를 가능하게 만들어준 대한민국 사회라는 구체적 현실 속에서 자신의 역할을 고민하는 데 더 많은 노력을 쏟아야 할 것이다.

가공의
'기원 만들기'를 넘어서

대부분의 기관은 자신의 기원을 가능한 올려잡으려는 경향이 있다. 그래서인지 어떤 기관의 연혁을 보면 고개를 갸우뚱하게 만드는 다소 미심쩍은 단초를 무리하게 기원으로 삼는 경우도 적지 않다. 그것은 시간적으로 먼저임이 우월함의 표지라고 믿기 때문일 것이다. 과학기술사에 유난히 많은 최초의 발견, 발명을 둘러싼 논쟁들이 결국 개인 또는 국가 간의 자존심 경쟁으로 귀결되는 이유도 마찬가지일 것이다. 이러한 '기원 만들기'는 정치적인 의도에서 비롯되며, 그것은 이데올로기 만들기에 다름 아니다. 그래서 어떤 민족의 기원을 다루는 상고사 분야는 흔히 극단적 민족주의와 극우 이데올로기의 온상이 된다.

  기원 만들기가 가지는 이러한 특성은 제중원 뿌리논쟁에서도 그대로 나타나고 있다. 서울대 의대 혹은 서울대병원이 제중원을 자신들의 기원이라 주장하기 시작한 것은 실제로 이들 기관이 설립되고 많은 시간이 지난 1970년대 말부터였다. 이것은 제중원이란 기원이 그들에게 애초부터 존재했던 것이 아니라 특정 시점부터 기원 만들기가 의도적으로 진행되었음을 말해주고 있다. 특히 최근 들어 제중원이 서울대병원의 기원이라는 주장을 대대적으로 쏟아내고 있는 것은 '제중원 뿌리논쟁'이 일종의 정치 이데올로기적 공세라는 사실을 잘 보여주고 있다.

그런데 앞에서 본 바와 같이 제중원을 서울대병원의 기원으로 만드는 데 가장 큰 장애물은 대한의원, 총독부의원, 경성제국대학 등 일제 식민통치기관들의 존재이다. 서울대병원은 대한의원의 우수성과 서울대병원과의 관계를 강조하면서도 조선총독부의원, 경성의학전문학교 부속의원, 경성제국대학 의학부 부속의원과의 연속성은 거론하지 않고 있다. 또한 서울대병원은 대한의원이 이토 히로부미의 기획으로 설립된 병원임에도 대한제국 시기에 만들어졌다는 이유로 일제의 식민기관이 아니라고 강변하고 있다.

대한의원이 일제의 식민기관으로서 조선총독부의원, 경성의학전문학교 부속의원, 경성제대 의학부 부속의원 등으로 계승되었다는 것은 엄연한 역사적 사실이다. 서울대병원이 국립병원의 논리로 제중원과의 연속성을 주장하려면 일제강점기 조선총독부의원, 경성의학전문학교 부속의원, 경성제국대학 의학부 부속의원 등까지도 자신의 일부로 받아들여야 하는 문제가 발생한다. 서울대병원은 이를 의식해 실질적인 연속성이 아니라 제중원의 정신을 계승하는 차원이라고 발을 빼기도 한다.

그러나 현대 민주국가의 국립병원이 '국왕의 시혜'라는 과거 왕조 시대의 이념에 따라 세워진 병원과 자신을 정신적으로 동일시하는 것은 문제가 있다. 물론 제중원이 백성을 위해 만들어진 것은 사실이다. 그러나 의료를 베푸는 궁극적 주체는 국왕이다. 왕조 시대의 의료는 군주가 백성을 어여삐 여긴다는 가부장적 봉건 이데올로기의 표현이기 때문이다.

반면 현대 민주국가에서 의료는 국왕의 시혜가 아니라 국민의 권리이다. 서울대병원은 왕조 국가 조선이 아니라 민주공화국 대한민국이 세운 병원이다. 따라서 서울대병원이 가공의 기원 만들기를 통해 이미 시효가 지나버린 과거 왕조 시대 시혜 이데올로기에서 자신의 정신적 기원을 찾는 것은 시대착오적이다. 지금은 복지국가를 지향하는 현대 한국사회에서 바람직한 국공립병원의 역할이 무엇인가에 대한 미래지향적 고민이 필요한 때다.

책머리에

1   『연세의사학』 2-1, 제중원 역사 관련 특집호, (1998. 3); 『연세의사학』 10-1,
    대한의원 역사관련 특집호, (2007. 12); 『연세의사학』 16-1, (2013. 6).

여는 글

1   신규환·박윤재 지음, 『제중원·세브란스 이야기』(역사공간, 2015).

제중원 뿌리논쟁의 경과

1   김두종, 『한국의학사』(탐구당, 1981), 480-483; 三木榮, 『朝鮮醫學史及疾病
    史』(思文閣出版, 1991), 273-276; 김중명, 『의사학개론』(형설출판사, 1981),
    390; 이만열, 「한말 미국계 의료선교를 통한 서양의학의 수용」, 『국사관논
    총』 3, 1989, 197-236; O. R. Avison, "History of Medical Work in Korea",
    Quarto Centennial Papers, 1909. 이 밖에도 1900년 초반에 나온 많은 선교
    보고서들에서는 일관되게 세브란스병원이 제중원을 계승한 것으로 기록되어
    있다.
2   김두종, 『한국의학사』, 486.
3   연세대학교 의과대학 의학백년 편찬위원회, 『의학백년』, 1986.
4   이만열, 『한말 미국계 의료선교를 통한 서양의학의 수용』, 222.
5   『皇城新聞』(1904. 11. 26); (1905. 4. 26); (1908. 6. 16); (1909. 12. 3).
6   『동아일보』(1920. 8. 19).

7 『보건신보』(1981. 12. 17).

8 『보건신보』(1981. 12. 21).

9 『의협신보』(1981. 12. 21).

10 『후생신보』(1981. 12. 21).

11 『의사신문』(1981. 12. 21).

12 김두종, 『한국의학사』, 485.

13 『중앙일보』(1981. 12. 24).

14 편사1017-216호, 「서울대병원의 질의에 대한 회신」(1982. 5. 20).

15 『서울대학교 병원보』 제221호, 「병원연혁에 관한 좌담회」(1997. 10. 1).

16 규장각 23174.

17 『의협신보』(1982. 6. 7).

18 『보건신보』(1982. 6. 7).

19 『의학신보』(1984. 6. 11).

20 『후생신보』(1984. 6. 11).

21 「우리나라 현대의학 및 현대의료기관의 시작 및 발전 과정-소위 뿌리 논쟁에 관한 해설」(1984. 6), 연세의료원.

22 「우리나라 현대의학 및 현대의료기관의 시작 및 발전 과정-소위 뿌리 논쟁에 관한 해설」(1984. 6), 연세의료원.

23 『의협신보』(1984. 6. 14).

24 정구충, 「한국의학 100년」, 『대한의학협회지』 27(10), 1984, 881-883.

25 『동아일보』(1984. 12. 14); 『조선일보』(1984. 12. 15); 『후생신보』(1984. 12. 17).

26 『동아일보』(1984. 12. 14).

27 『조선일보』(1984. 12. 15).

28 『보건신보』(1984. 12. 17).

29 『의학신보』(1986. 5. 26).

30 신용하, 「광혜원과 근대의료의 출발」, 『종두의양성소 규정 공포 100주년 기념 심포지움 자료집』(1995), 13.

31 『서울대학교 병원보』, 제221호, (1997. 10. 1).

32 『서울대학교 병원보』, 제221호, (1997. 10. 1).

33 「土地賣買契約書」, 규장각 23207;「病院建物及記念館讓渡代金接受關係書」, 규장각 23206.

34 『奏本存案』, 규장각 17704.

35 『서울대학교 병원보』, 제221호, (1997. 10. 1).

36 『후생신보』(1984. 10. 1).

37 『서울대학교 병원보』, 제221호, (1997. 10. 1).

38 서울대학교 의과대학 편, 『서울대학교 의과대학사』(서울대학교 의과대학, 1978), 7.

39 서울대학교병원 편, 『서울대학교 병원사』(서울대병원, 1993), 66.

40 서울대학교병원 편, 『서울대학교 병원사』(서울대병원, 1993), 831.

41 주근원, 『후회없는 팔십년의 삶』(중앙문화사, 1998), 409.

42 기창덕, 「국가에서 시작한 근대의학교육 — 종두의양성소와 의학교」, 『종두의양성소 규정 공포 100주년 기념 심포지움 자료집』(1995), 37.

43 『종두의양성소 규정 공포 100주년 기념 심포지움 자료집』, 48 - 51.

44 앞에서 본 세브란스 병원 정초식 초청장의 내용을 비롯하여 Rosetta Sherwood Hall, "The Past of Medical Mission in Korea", *Korea Mission Field* 10(7), (1914), 216 - 219 등 그 외에 많은 다른 선교보고서들과 세브란스에서 나온 *Catalogue*(1917)와 1923년, 1928년, 1940년에 나온 『세브란스연합의학전문학교일람』의 연혁에도 모두 예외 없이 학교의 기원을 제중원에 두고 있다. 반면 『조선총독부의원연보』의 연혁이나 『경성의학전문학교일람』의 연혁에는 제중원에 대한 언급이 전혀 없고, 자신들의 뿌리로 1899년에 설립된 의학교나 광제원을 가장 먼저 언급하고 있다.

45 「광혜원은 분명 연세의 효시 — 사실 입증할 주본존안 발견」, 『연세춘추』(1998. 3. 30).

46 「국가중앙병원의 21세기와 뿌리 찾기」, 『서울대학교 병원보』 221호, (1997. 10. 1).

47 「서울대병원 역사 심포지엄 열려」, 『의계신문』(2005. 4. 5).

48 「대한의원 설립 100주년 기념사업 슬로건 공모」, 『의협신문』(2006. 1. 14).

49 「서울대병원, 대한의원 99주년 심포지엄」, 『메디게이트』(2006. 3. 16).

50 「서울대–세브란스, 광혜원 '적통 전쟁' 재연」, 『메디게이트』(2006. 3. 17).

51 여인석, 「서울대학병원 1백주년, 기념할만한 일인가?」, 『교수신문』(2006. 6. 7).

52 「서울대병원–연세대병원 역사논쟁」, 『신동아』 564호, (2006. 9. 1), 400~407.

53 「서울대병원–연세대병원 역사전쟁 시작됐다」, 『프레시안』(2006. 8. 21).

54 박형우, 여인석, 「이 무슨 자기배반의 비극이란 말인가?」, 『프레시안』(2006. 9. 7).

55 「서울대–세브란스 뿌리논쟁 국감서 재평가」, 『메디게이트』(2006. 10. 25); 「서울대병원 대한의원 기념사업, 국감서 질타」, 『DocDocDoc』(2006. 10. 27).

56 「대한의원 100주년 기념우표, 내야 하나?」, 『프레시안』(2006. 12. 6).

57 「대한제국 인장 찍힌 1908년 대한의원 개원엽서 공개」, 『동아일보』(2006. 12. 29).

58 「서울대병원 성상철 원장 2007년도 신년사」, 『의계신문』(2006. 12. 30).

59 「대한의원 100주년 기념 무궁화 물결로 뒤덮는다」, 『제주의 소리』(2007. 1. 28).

60 연세대학교 의과대학 세브란스병원, 「제중원(광혜원)으로 시작한 세브란스병원이 글로벌병원으로 다시 태어났습니다」, 『의계신문』(2007. 2. 12); 『DocDocDoc』(2007. 2. 14).

61 「일제기념 서울대병원, 도둑질한 아버지라도 제사는 지낸다?」, 『노컷뉴스』(2007. 2. 28).

62 여인석, 박형우, 「여기 한 장의 사진이 있다」, 『프레시안』(2007. 3. 2).

63 「100주년 서울대병원 뿌리 논란」, 『서울신문』(2007. 3. 1).

64 「서양의학 수용, 일제의 식민지배 수단」, 『뉴시스』(2007. 3. 5); 「제중원 기념식 경쟁, 서울대–세브란스 형제?」, 『메디게이트』(2007. 3. 6); 「상명대 주진오 학장, 세브란스 손 들어줘」, 『데일리메디』(2007. 3. 8).

65 「제중원 뿌리 사진만 봐도 안다」, 『의학신문』(2007. 3. 7); 「한국의 근대의학 120년사 한눈에」, 『조선일보』(2007. 3. 7).

66 여인석, 「"서울대병원사=한국의학사" 아니다」, 『교수신문』(2007. 3. 9).

67 「서울대병원 100주년 친일세탁?」, 『서울신문』(2007. 3. 8).

68 황상익, 「서울대병원, 왜 일제 첨병 대한의원에 집착하나?」, 『프레시안』(2007. 3. 9).

69 「민족문제연구소, '대한의원 100주년 기념' 감사 청구」, 『경향신문』(2007. 3. 14).

70 「대한의원 100주년 기념사업은 일제 식민통치 미화」, 『세계일보』(2007. 3. 14).

71 「서울대 당국의 역사 인식 이대로 좋은가」, 『민족문제연구소』(2007. 3. 15).

72 서울대학교 서명 교수 일동, 「서울대병원의 대한의원 100주년 기념사업 강행을 규탄하며, 사업 중단을 촉구한다」, 『프레시안』(2007. 3. 16).

73 서울대학교병원 노동조합, 「일제 식민통치 미화!, 국민혈세 낭비!, 서울대병원 100주년 기념행사 즉각 중단하라!」(2007. 3. 19)(http://www.minjok.or.kr 참조).

74 「서울대병원 한마음축제 교수진 우려 제기」, 『메디게이트』(2007. 3. 22).

75 황상익, 『근대의료의 풍경』(푸른역사, 2013), 제6장 참고.

뿌리논쟁의 쟁점에 대한 검증

1 『독립신문』(1898. 7. 25).

서울대병원이 답해야 할 질문들

1 『서울대학교 병원보』 221호, (1997. 10. 1).

2 2007년 서울대병원은 자신의 뿌리가 1907년 설립된 대한의원이라고 주장하며 100주년 기념행사를 진행했다. 이에 대하여 서울대병원 노조는 1907년 설립된 대한의원은 일제 치하의 적십자병원, 광제원, 의학교와 부속병원을 통합해 당대 최대 규모, 최고 수준의 서양식 병원을 만들어 조선 황실의 권위를 약화, 일본 통감부의 권위를 높이는 이중의 효과를 거두기 위해 설립된 것이라고 반박했다. 또한 대한의원의 설립은 태동하고 있던 자주적인 근대의학의 싹을 말살하고, 일제 통감부가 통제하는 식민의료체계로 전환하는 결정적 계기가 되었다고 주장했는데, 서울대병원의 '국가중앙병원' 논리가 내부에서조차 충분히 합의되지 않은 개념이었음을 알 수 있다.

3 물음을 바꾸어 우리와 비슷한 체제를 가진 일본에서는 도쿄대학병원을 국가중앙병원이라고 생각할 것인가 하는 문제와 미국이나 유럽에 국가중앙병원이라는 것이 존재하는가 하는 문제를 제기해 볼 수 있다.

4   서울대병원 누리집: 병원소개 - 제중원 - 제3편 제중원은 왜 지금도 중요한가?

5   「서울대병원 주최 대한의원 100주년 기념식 관련 사진」(2007. 3. 16. 민족문제
     연구소 http://www.minjok.or.kr/).

6   경성의학전문학교(이하 경의전)는 1916년 4월 1일 총독부의원 부속의학강습소
     를 승계하여 개교했다. 경의전은 별도의 부속의원을 갖고 있지 못했는데, 총
     독부의원 원장이 경의전 교장을 겸직했고, 총독부의원이 사실상 부속의원 역
     할을 해주었다. 1928년 총독부의원이 경성제국대학(이하 경성제대) 의학부 부
     속의원으로 편입되면서, 1928년 11월 경의전은 소격동 부속의원을 개원했다.
     1946년 8월, 국립 서울대학교 설치령에 따라 경성제대 의학부와 경의전이 서
     울대학교 의과대학으로 통합되고, 연건동 경성제대 의학부 부속의원은 서울대
     의대 제1부속병원으로, 소격동 경의전 부속의원은 서울대 의대 제2부속병원으
     로 개편되었다.

더 읽을거리

기창덕, 『한국 근대 의학교육사』(아카데미아, 1997)
구한말 및 일제강점기의 의학교육을 중심으로 한국의 근대의학교육사를 본격적으로 연구하기 시작한 책이다. 관립 의학교육, 사립 의학교육, 여자 의학교육, 평양 및 대구 의학교육, 치과 의학교육 등을 다루고 있다.

김상태, 『제중원이야기』(웅진지식하우스, 2010)
1880년대부터 1890년대까지 제중원을 둘러싼 정치·사회적 양상을 검토했다. 2005년 뿌리논쟁에 대처하기 위해 서울대병원이 설립한 병원사연구실의 시각을 보여준다. 서울대병원의 '제중원 뿌리논쟁'의 입장을 대변하는 책이다.

박윤재, 『한국 근대의학의 기원』(혜안, 2005)
개항부터 1915년까지의 한국 근대의학사를 개괄한 책이다. 대한제국에서 조선총독부에 이르는 시기의 의학을 단절과 계승으로 바라보고, 서양의학의 일원화와 경찰의 위생행정 장악이라는 식민지의 구조적 문제점에 대해서 지적하고 있다.

박형우, 『제중원, 조선 최초의 근대식 병원』(21세기북스, 2010)
조선 최초의 근대적 서양병원인 제중원이 설립되기까지의 과정과 발전과정을 그린 책이다. 제중원의 설립을 건의한 알렌에서부터 헤론, 에비슨 원장 시절의 제중원의 모습을 통해 한국 사회에서 서양의학이 정착해 가는 과정에서 제중원이 갖는 의미를 그리고 있다.

박형우, 『한국 근대 서양의학 교육사』(청년의사, 2008)
19세기 후반에서 20세기 초반의 한국에 서양의학교육에 대해 다루고 있다. 서양의학의 도입에서부터 제중원의 의학교육, 조선 정부 및 식민당국의 의학교육, 그리고 선교부에 의한 의학교육과 한국 최초로 의사면허를 받은 7명의 이야기를 담고 있다.

박형우·박윤재, 『사람을 구하는 집, 제중원』(사이언스북스, 2010)

제중원의 탄생부터 제중원 사람들의 이야기를 다루며, 서양의학이 한국에 들어오고 이것이 토착화되어 가는 과정을 그린 책이다. 제중원으로 시작되는 한국 근대의학의 역사와 함께 한국 근대의학사의 굵직한 논쟁들을 짚어내고 있다.

신규환·박윤재, 『제중원·세브란스 이야기』(역사공간, 2015)

제중원에서 세브란스로 이어지는 의학교육, 의료기관의 역사를 관련 인물과 역사적 사건들로 풀어낸 책이다. 제중원의 창설과 세브란스로 이어지는 과정에 관한 이야기 및 초창기에 활약한 외국인 교수들과 이들에게 교육을 받아 활약했던 한국인 의사들의 이야기를 다루고 있다.

신동원, 『한국 근대 보건 의료사』(한울, 1997)

1876년 개항부터 1910년 일제강점기 직전까지의 한국의학사를 서술하고 있는 책이다. 전염병 문제와 근대 위생에 대한 관심에서 한국의 근대 보건의료가 출발한 것으로 보고, 한국 근대의학사를 타율적인 이식이 아닌 주체적인 수용이라는 관점에서 조망하고 있다.

여인석 외, 『한국 의학사』(의료정책연구소, 2012)

한국 의학의 역사적 발전과정을 선사시대부터 현대사회에 이르기까지 서술한 책이다. 의료, 의학을 전공하는 사람들이 한국 의학사를 개괄하는 데에 유용한 책이다. 한국의 의료 발전과정뿐만 아니라 북한 의료의 형성과 발전에 대해서도 다루고 있다.

연세대학교 의학사연구소 편, 『동아시아 역사 속의 선교병원』(역사공간, 2015)

동아시아 삼국에서 선교의학과 선교병원이 어떻게 도입되고 발전되었는지에 대하여 다양한 각도에서 분석한 책이다. 제국과 (반)식민지의 경험에서의 국가권력과의 관계, 관립 병원과의 차별성 등을 통하여 동아시아의 선교병원의 역사적 위상을 재고하고 있다.

연세대학교 의학사연구소 편, 『동아시아 역사 속의 의사들』(역사공간, 2015)
동아시아 삼국의 역사에서 의료인의 다양한 역사적 존재 방식을 구체적으로 고찰한 전문성과 통시성을 갖춘 책이다. 동아시아 삼국의 의료인 형성의 역사적 배경과 지위 변화의 양상을 그려내면서 의사의 정체성 형성과 역할에 대하여 재인식하는 기회를 마련해 주고 있다.

연세대학교 의학사연구소 편, 『한의학, 식민지를 앓다』(아카넷, 2008)
한의학이 식민지 시기 일제 강점과 근대화의 과정에서 변모해 가는 과정을 의학·역사학적인 측면에서 접근한 책이다. 총독부의 한의학 정책에서, 한의학계의 서양의학 수용 문제까지 근대 한의학 연구에 시사점을 던져 주는 여러 주제를 다루고 있다.

이만열, 『한국 기독교 의료사』(아카넷, 2003)
1885년 제중원의 설립부터 해방 전후기에 이르는 약 60여 년간의 기독교 의료선교를 다루며 한국 근현대사에서 기독교 의료사업이 차지하는 위치를 조망한 책이다. 방대한 자료를 토대로 의료선교를 시기별·지역별·교파별로 자세히 다루고 있다.

이충호, 『일제 암흑기 의사 교육사』(국학자료원, 2011)
20세기 전반 일제의 의학교육에 대하여 다루고 있는 책이다. 의사교육활동은 일본의 식민지 동화교육활동의 중심이었다고 보고, 일본식 의학교육을 도입하고 정착시키는 과정을 일제의 식민교육 강화과정으로 분석하고 있다.

황상익, 『근대의료의 풍경』(푸른역사, 2013)
2010년부터 2011년까지 저자가 인터넷 신문 『프레시안』에 연재한 글을 바탕으로 정리한 책이다. 1876년부터 1910년까지 서양의학의 도입과 발전을 다루고 있다. 서울대병원과는 달리 제중원은 세브란스병원과 서울대병원 어느 쪽으로도 계승되지 않았다는 시각을 제시하고 있다.

의학사강좌 1

제중원
뿌리논쟁

초판 1쇄 인쇄 2015년 3월 27일
초판 1쇄 발행 2015년 4월 6일

지 은 이 여인석, 신규환
펴 낸 이 주혜숙
책임편집 성미애
편   집 유가영
디 자 인 오신곤
마 케 팅 김경희

펴 낸 곳 역사공간
등   록 2003년 7월 22일 제6-510호
주   소 121-842 서울특별시 마포구 동교로 142-11 플러스빌딩 3층
전   화 02-725-8806~7, 02-325-8802
팩   스 02-725-8801, 0505-325-8801
전자우편 jhs8807@hanmail.net

ISBN   979-11-5707-057-2 03900